Absalón Méndez Cegarra

Retos de la Seguridad Social

Segunda Edición.
2019

Retos de la Seguridad Social
Segunda Edición
Diciembre 2019

Editado por:
O! Ediciones
www.oediciones.com

Depósito Legal No.: DC2019001203

ISBN: 978-980-18-0670-7

Autor:
Absalon Méndez Cegarra
absalonmendez@hotmail.com

Editor:
Orlando DJ Hernández
orlandodjh@gmail.com

Imagen de Portada:
La portada ha sido diseñada
usando imágen de Freepik.com
www.freepik.es

Índice de Contenido

Introducción

La Seguridad Social, como etapa culminante de un largo proceso evolutivo de las formas de protección social, desarrolladas para atender determinados acontecimientos que suceden en la vida de los seres humanos, que los exponen irremisiblemente a estados de necesidad, está siendo sometida a numerosas pruebas.

El mundo actual presenta disímiles situaciones que hacen difícil su comprensión y, por la velocidad con la que suceden ciertos hechos, casi imposible prever o anticipar sus efectos y de planificar cursos de acción bien sea anticipatorios o posteriores. Es, lo que comúnmente, se denomina incertidumbre. No hay manera de tener certeza, certidumbre, sobre el suceder de determinados acontecimientos y de sus resultados.

Sociedades conocidas que se habían caracterizado por la planificación del desarrollo y, en términos generales, por el desenvolvimiento político, económico y social, hoy, lucen, como todo el mundo, un barco a la deriva, a la espera de lo que suceda, para intentar alguna acción remedial.

La Seguridad Social, como toda obra humana, no escapa a esta gran incertidumbre; pero, en su ámbito, lo que sucede tiene mayor significación, toda vez, que, la Seguridad Social es, fundamentalmente, una acción humana previsiva, previsional; de ahí, por ejemplo, que fenómenos actuales como el del envejecimiento de la población que, al parecer, ha sorprendido a los Sistemas de Seguridad Social, y ha propiciado reformas importantes en los regímenes jubilatorios y pensionales, resulte inexplicable.

Los regímenes jubilatorios y pensionales se establecieron en la mayoría de países del mundo bajo el supuesto que, un determinado día de la vida de los seres humanos, se llega a una etapa en la que las fuerzas físicas y mentales se debilitan, cesa la actividad laboral y sobreviene la muerte; por consiguiente, desaparecen las fuentes de ingresos y, en los casos de sostén de familias, se generan cuadros de sobrevivencia, viudedad y orfandad, capaces de producir males mayores. Ante estos hechos causantes de estados de necesidad, fácilmente previsibles, la sociedad organizó modalidades de protección: regímenes jubilatorios y pensionales, enmarcados en Sistemas de Seguridad Social, contentivos de formas previsionales de mayor amplitud. En consecuencia, lo que presenciamos en la actualidad, el envejecimiento de la población, es la materialización de un hecho previsto, anticipadamente considerado, por lo que no debería causar sorpresa alguna ni colocar en situación de peligro a los Sistemas de Seguridad Social que contienen en su cobertura contingencial o campo de aplicación objetivo, la protección a la vejez; y, sin embargo, esta situación del rápido envejecimiento de la población, absolutamente previsible, está causando la más profundas reformas en los Sistemas de Seguridad Social.

En el presente libro, que no dudamos de calificar de introductorio y, si se quiere, elemental, para el estudio y conocimiento de la Seguridad Social, habida cuenta de la enorme cantidad de literatura existente en el mundo sobre el particular, queremos, analizar, brevemente, varios puntos de gran interés sobre todo para las personas que inician estudios sistemáticos de Seguridad Social, y, posiblemente, para el gran público lector. Estos puntos son los siguientes: Primero, la necesaria precisión conceptual sobre lo que debemos entender por Seguridad Social. No todo lo que es materia de protección social y susceptible de ser previsto es materia u objeto de la Seguridad Social. Por tal razón, importa diferenciar lo que se entiende y concibe como Política Social y Seguridad Social. La primera, la Política Social, es continente; la segunda, la Seguridad Social, es parte importante, muy importante, de ese continente. Segundo, la forma como el contenido de la Política Social que es la Seguridad Social se hace posible y operativo mediante la creación de Sistemas de Seguridad Social, regulados jurídicamente, que elevan la protección social a rango de derecho humano y social fundamental, a los fines de configurar verdaderas relaciones jurídicas, constitutivas de derechos y obligaciones para las partes intervinientes en dicha relación. Tercero, el análisis de las causas que han propiciado lo que se ha dado en denominar "crisis" de la Seguridad Social o de los Sistemas de Seguridad Social, sus orientaciones, salidas y efectos en las personas sometidas al amparo de dichos Sistemas. En cuarto lugar, una aproximación, sobre la base de importantes documentos emanados de la Organización Internacional del Trabajo y de la Asociación Internacional de Seguridad Social, al estudio de los retos o desafíos que tiene planteada la

Seguridad Social en el mundo actual, luego de haber vivido o estar viviendo los embates de una crisis que amenaza seriamente su consolidación y permanencia en el tiempo. Finalmente, referencia a la reforma pensional en un país en particular, Venezuela, debido a que, más allá de las fronteras patrias se piensa que en Venezuela se ha producido una reforma de la Seguridad Social, que, bien puede ser modelo u orientación para otros países, lo cual es necesario desmentir categóricamente. En Venezuela, es posible, según sea el marco referencial con que se le aprecie, ha habido cambios importantes, en su ordenamiento jurídico y su modelo político y económico; pero, estos cambios, no han tenido efectos sustantivos en la Seguridad Social de la población y en el mejoramiento de su calidad de vida. En el país, lo relacionado con la Seguridad Social, es materia pendiente.

Dedicatoria

A Alejandro José, mi nieto adorado

Capítulo I
La Seguridad Social como política pública de protección social.
Consideraciones generales

1. Sociedad, Estado, Política Social y Seguridad Social

El origen de las diversas formas de protección social que los seres humanos han venido creando para atender a las personas sometidas a estados de privación o necesidad, que impiden, alteran o interfieren el desenvolvimiento vital, está estrechamente ligado a la desigualdad existente entre los seres humanos, bien sea por razones bio-constitucionales o por motivos socio-económicos, socio-culturales o socio-políticos. La desigualdad entre los seres humanos ha propiciado que surjan hechos capaces de generar estados de necesidad que requieren ser atendidos, solucionados o satisfechos, total o parcialmente, por los congéneres, mediante diversas prácticas, fundadas en diversidad de motivos: religiosos, sociales, políticos, culturales, que van desde el elemental sentimiento de caridad por el prójimo que sufre o padece alguna privación hasta los modernos Sistemas de Seguridad Social, concebidos como derecho de toda persona a ser protegida por la sociedad a la que pertenece.

La sociedad es, en primer término, la garante de la protección social y, ello, es así, por cuanto el bienestar de sus miembros es pre-condición para el normal desenvolvimiento del colectivo social. La sociedad en general y las sociedades en particular, han desarrollado multiplicidad de modalidades protectoras centrando siempre la atención en los sectores estimados vulnerables o más vulnerables, tal ha sido el caso de los niños, ancianos, personas con discapacidad, desempleados, viudas y personas en situación de pobreza. Con el evolucionar de la sociedad y el reconocimiento por ésta de la necesidad de proteger a todas las personas, sin discriminación alguna, entendido dicho reconocimiento como derecho de toda persona, por ser miembro y pertenecer a una determinada sociedad, las concepciones protectoras sectoriales ceden lugar a la universalidad de la protección social.

En este proceso evolutivo de las concepciones sobre el deber-derecho de la protección social ha jugado papel importante el surgimiento del Estado Moderno, sus instituciones y el desarrollo de las políticas públicas[1].

El Estado Moderno, de orientación liberal, defensor del libre albedrío de los individuos, evoluciona, presionado por diversos factores: la revolución industrial, la aparición de la clase obrera, el fortalecimiento de la pobreza, el pensamiento socialista, las grandes conflagraciones humanas, las crisis económicas, la defensa de los derechos humanos y los valores de la democracia. Esta evolución-transformación del Estado liberal hace que el Estado asuma como fines de su razón de ser la garantía del bien común y de la justicia social, lo que procura materializar mediante una red institucional asistencial y la definición-ejecución de las políticas públicas. Nace, así, el Estado de Bienestar y, como parte componente de éste, la política social. El Estado de Bienestar es consustancial con la sociedad y con los Estados democráticos. El Estado de Bienestar que se consolida en los países de mayor grado de desarrollo democrático durante finales del Siglo XIX y la mayor parte del Siglo XX, es la cuna de la política social y de la Seguridad Social en los términos como se le conoce en la mayoría de las naciones del mundo.

El Estado Social se muestra y hace efectivo con la definición de políticas públicas de contenido social: salud, educación, vivienda, empleo, recreación, alimentación, entre otras, orientadas a la solución de ingentes problemas de la sociedad, particularmente, aquellos que impiden y afectan el pleno desarrollo humano. Dos manifestaciones públicas capitalizan y marcan el norte de la política social: la Asistencia Social y la Seguridad Social. La primera, marca la presencia del Estado Social en la atención a las personas en estados de necesidad, carentes de recursos económicos para contribuir a su financiamiento, con lo que el Estado Social se hace benefactor, distribuidor de prestaciones o distribuidor de la renta o riqueza social producida. Con la segunda, inicialmente, bajo la modalidad de los Seguros Sociales, posteriormente, bajo la denominación Seguridad Social, se actúa, primeramente, en forma sectorial, garantizando protección a los trabajadores formales, dependientes o subordinados, con lo que se coloca freno al potencial conflictivo de la clase obrera; luego, se supera el sesgo laboralista típico de los Seguros Sociales y se avanza hacia una concepción solidaria y universal que inspira y anima a la Seguridad Social, que caracterizará a los Sistemas de Seguridad Social que alcanzan mas prontamente su maduración y perfeccionamiento.

---

1 Cf. Douglas E. Ashford, La Aparición de los Estados de Bienestar. Colección Historia Social. N° 14. Ministerio de Trabajo y Seguridad Social. España, 1989.

El Estado Social, el Estado de Bienestar, comienza a debilitarse en el capitalismo avanzado, hacia las décadas de los años setenta y ochenta del siglo XX, lo que hace declinar su intervención social y el gasto público social que acompaña a las políticas públicas. El Estado, distribuidor de riqueza, se vuelve restrictivo y el espacio dejado vuelve a ser ocupado por el pensamiento liberal (neoliberalismo). El Estado que sirvió de cuna a la Seguridad Social moderna, igualmente, sirve de marco para la instauración de políticas públicas de corte limitado en lo social, con lo que se emprende en buena parte del mundo procesos de reforma en los Sistemas de Seguridad Social. Signos marcados de estos procesos de reforma social son el endurecimiento de los requisitos para recibir prestaciones sociales (mayor edad cronológica, mayor tiempo de actividad laboral, mayor esfuerzo contributivo) y disminución de los beneficios sociales. Por su parte, las experiencias y modelos socialistas reales no mostraron grandes éxitos en el logro de la utopía de construir sociedades igualitarias de bienestar y de plena distribución equitativa de la riqueza social. Tal es el signo de los tiempos en lo social en los inicios del siglo XXI y los retos planteados a la Seguridad Social, en tanto derecho social y humano de reconocimiento universal.

2. Nociones conceptuales sobre seguridad social

La mayoría de los tratadistas de la Seguridad Social al abordar su parte conceptual hacen referencia al tema de las necesidades humanas. El ser humano, desde su origen, es inseguro y requiere de sus congéneres para garantizar la existencia. La inseguridad del humano, vinculada con las necesidades y la libertad, puede examinarse desde tres perspectivas, no excluyentes, a saber: la natural, la individual y la social o colectiva. El humano, es, por naturaleza, un ser inseguro; de allí, que, por ejemplo, el llamado derecho natural, reconozca como inmanente a la condición humana la necesidad de protección social. Desde una perspectiva individual, la inseguridad y la ausencia o presencia de satisfactores, se relaciona con la existencia de recursos para satisfacer las necesidades y con la apreciación objetiva y subjetiva que el individuo tiene sobre el bienestar y la felicidad. La perspectiva social, orienta hacia el problema objetivo de la existencia de recursos, su distribución y acceso, a partir de la fijación de patrones de satisfacción o el establecimiento de indicadores de satisfacción de necesidades humanas.

Las necesidades han sido clasificadas de diversas maneras. La más genérica de las agrupaciones es la que distingue entre necesidades biológicas y necesidades sociales o espirituales. Si no se satisfacen las primeras (biológicas) la vida resulta imposible. Y, en cuanto a las segundas (sociales), si bien la vida puede estar asegurada, no lo está su desenvolvimiento bajo condiciones de normalidad, lo cual da lugar, también, a la aparición de "hechos causantes de estados de necesidad". Sobre estos hechos y los estados de necesidad causados, recae el manto protector de la Seguridad Social, en atención a los límites que impone la realidad social de cada grupo humano.

La noción de Seguridad Social es multívoca. Ella refiere de manera directa a formas de protección social, pero no existe acuerdo entre los tratadistas para una unificación conceptual sobre la materia. Los estudiosos de la Seguridad Social han desarrollado una extensa doctrina sobre el particular y han profundizado sobre los aspectos conceptuales. En Venezuela, afortunadamente, disponemos de una importante bibliografía que desarrolla en forma extensa las cuestiones conceptuales. Interesa destacar en este sentido las obras de los distinguidos profesores universitarios: Miguel Zúñiga Cisneros; Luis Antonio Mijares Ulloa; y Rafael Uzcátegui Díaz, quienes han contribuido con sus valiosos aportes a puntualizar la importancia de la Seguridad Social, su historia, filosofía, principios orientadores, vínculos y relaciones con otras disciplinas e instituciones jurídicas, administrativas y financieras fundamentales. Los elementos divergentes surgen en cuanto a su naturaleza como derecho social, formas organizativas, alcances, cobertura, financiamiento y afiliación, entre otros. La discusión sobre qué debe entenderse por Seguridad Social en un sentido menos filosófico y más técnico administrativo, obliga distinguir entre nociones de la Seguridad Social en atención a formas institucionales, financiamiento e intención y extensión de las prestaciones. Institucionalmente, un Sistema de Seguridad Social puede integrarse por la totalidad de las formas de ayuda social ideadas por una sociedad determinada (caridad, beneficencia, filantropía, asistencia social, prevención social, seguro social, servicios sociales); por parte de ellas (asistencia social, seguro social); o, por una sola de sus instituciones (seguro social).

Esta misma distinción remite a la cuestión de las formas de financiamiento (público, privado, mixto, general, particular) y a la calidad-cantidad de las prestaciones. En las definiciones que se reproducen a continuación es posible identificar lo indicado.

Concepciones amplísimas de la seguridad social:

a) La definición de Miguel Zúñiga Cisneros:

> *"(...) La Seguridad Social es un conjunto de medidas previsivas que conducen a garantizar a los habitantes de un país los medios económicos para lograr las condiciones mínimas de comodidad, salud, educación y recreación necesarias al civilizado; y las providencias contra una serie de riesgos inherentes a la vida moderna, tales como el desempleo, la enfermedad profesional o de otro origen, la invalidez parcial o total, la ancianidad, la educación de los niños, los derivados de la muerte del jefe de familia".[2]*

En la definición que aporta a la doctrina universal de la Seguridad Social, el Dr. Miguel Zúñiga Cisneros, identificamos los elementos siguientes:

- **Sujeto y bien protegido:**
  - El ser humano y su bienestar.
  - Alcance: Universal (todos los habitantes de un país).

- **Sistema de protección:**
  - Conjunto de medidas previsivas:
  - Medidas previsivas:
    - Para garantizar medios económicos (Trabajo – Remuneración al trabajo): Providencias:
    - Contra riesgos (pérdida o ausencia de medios económicos por múltiples causas): Prestaciones de la Seguridad Social.

- **Sujeto Obligado:**
  - No se identifica.

b) La definición de Ignacio Carrillo Prieto:

> *"La Seguridad Social es el (...) "conjunto de medidas que garantizan el bienestar material y espiritual de todos los individuos de la población, aboliendo todo estado de necesidad social".[3]*

---

2 Miguel Zúñiga Cisneros. Seguridad Social y su Historia. Edit. EDIME. Caracas, 1963. pág. 19.

3 Ignacio Carrillo Prieto. Derecho de la Seguridad Social. Mimeog. Pág. 1190. Citado por Javier Moctezuma Barragán. En "Pautas Introductorias a la Seguridad Social y a sus Regímenes Normativos". Memoria del II Congreso Interamericano Jurídico de la Seguridad Social. Montevideo-Uruguay. 1990. Pág. 25.

Elementos presentes en la definición:

- **Sujeto y bien protegido:**
  - El Ser humano: (Bienestar material y espiritual).
  - Alcance: Universal (Todos los individuos de la población).
- **Sistema de protección.**
  - Providencias contra contingencias humanas. (No se precisa el tipo de contingencia).
  - Abolición de todo estado de necesidad social.
- **Sujeto obligado.**

  No se identifica.

Concepciones amplias de la Seguridad Social.

a) Definición de Martín Fajardo.

"(...) La Seguridad Social es un sistema de protección contra las contingencias humanas, que procura a la vez la elevación del nivel de vida y el bienestar colectivo, en base a la redistribución de la renta".[4]

Elementos presentes en la definición:

- Sujeto y bien protegido:
  - El ser humano: (Protección contra las contingencias humanas).
  - Alcance: Universal (No explícito).
- Sistema de protección:
  - Protección contra las contingencias humanas.
  - Logro, mediante la redistribución de la renta. Un doble objetivo:
    - Elevación del nivel de vida.
    - Bienestar colectivo.
- Sujeto obligado.
  - No se identifica.

b) Definición de Antonio Zelenka.

"La Seguridad Social es el conjunto de medidas tomadas por la sociedad y en primer lugar; por el Estado, para garantizar a todos, los cuidados médicos necesarios y asegurarles los medios de vida en caso de pérdida o de reducción importante de sus medios de existencia, causadas por circunstancias no dependientes de su voluntad". [5]

---

4   Martín Fajardo. Derecho de la Seguridad Social. Tomo I. IDEMSA. Editores. Lima-Perú. 1989. Pág. 18.

5   Antonio Zelenka. "Hacia la Seguridad Social". Revista del Ministerio del Trabajo. N° 6. Año

Elementos presentes en la definición:

- • Sujeto y Bien protegido:
  - El ser humano: Protección a la salud y capacidad económica.
  - Alcance: Universal (todos los miembros de la sociedad).
- • Sistema de Protección:
  - Conjunto de medidas:
    - Atención médica (cuidados médicos necesarios).
    - Medios de vida (en caso de pérdida o reducción de los medios de existencia).
- • Sujeto obligado:
  - La Sociedad. El Estado.

Concepciones restringidas de la Seguridad Social.

a) Definición de Eveline M. Burns

"La Seguridad Social es la acción pública que tiene por objeto proporcionar un ingreso supletorio a las personas cuyos ingresos particulares normales hayan cesado temporal o permanentemente, o bien aliviar a los individuos y las familias del peso de las mermas de sus ingresos"[6].

Elementos presentes en la definición:

- • Sujeto y Bien protegido:
- Las personas, los individuos.
- Alcance: Limitado. A las personas cuyos ingresos sufren merma temporal o permanente
- • Sistema de Protección:
- Acción pública para proporcionar ingresos supletorios a las personas cuyos ingresos normales cesan.
- Objetivos. Proporcionar ingresos supletorios.
- • Sujeto obligado:
- No se identifica. Acción pública.

Se infiere que la acción corresponde al Estado.

1952. Caracas-Venezuela. Pág. 83.

6   Eveline M. Burns. Seguridad Social y Acción Pública. México, 1965. Citada por: Rafael Uzcátegui D. En Seguridad Social. Síntesis Bibliográfica. Universidad Central de Venezuela. Caracas, 1978. Pág. 13.

Concepciones prácticas y operativas de la Seguridad Social.

a) Definición de Manuel Alonso Olea.

> *"La seguridad social puede ser definida, (...) como el conjunto de medidas para la prevención y remedio de riesgos de concreción individual económicamente evaluable, consistentes en defectos de renta con qué atender las necesidades usuales y habituales (...)"*[7]

Elementos presentes en la definición:

- Sujeto y Bien protegido:
  - El ser humano: Ante riesgo de concreción individual económicamente evaluable.
  - Alcance: Universal (No explícito).
- Sistema de protección:
  - Conjunto de medidas para la prevención y remedio de riesgos consistentes en defectos de renta con que atender las necesidades usuales y habituales.
  - Objetivos: Atención de las necesidades usuales y habituales del ser humano: Mediante la prevención y remedio de riesgos.
- Sujeto obligado.
  - No se identifica.

a) Definición de la Oficina Internacional del Trabajo (OIT).

> *"(...) La seguridad social es el fruto de muchas medidas de carácter público que han dado buenos resultados para preservar a la población o a una gran parte de la misma del estado económico angustioso en que podría hallarse si no existieran tales medidas cuando dejan de percibir salarios por razón de enfermedad, desempleo, invalidez, vejez o como resultado de un fallecimiento; para suministrar a dichas categorías de la población la asistencia médica necesaria, y para ayudar a las familias con hijos de corta edad".*[8]

b) Definición de P. Savchenko.

> *"Según la concepción de la Organización Internacional del Trabajo (O.I.T.) incorporada al texto del Convenio Nº 102, sobre la "norma mínima de Seguridad Social", aprobado en 1952, la Seguridad Social comprende los siguientes nueve aspectos.*

---

7   Manuel Alonso Olea. Instituciones de Seguridad Social. Instituto de Estudios Políticos. Madrid, 1959. Pág. 3.

8   Oficina Internacional del Trabajo. La Seguridad Social. Ginebra, 1970, Pág. 17.

- *Servicio médico.*
- *Subsidio de desempleo.*
- *Pensión por vejez.*
- *Subsidio por mutilación y enfermedad profesional.*
- *Subvención familiar.*
- *Subvención por maternidad.*
- *Pensión por pérdida del sostén de familia".* [9]

Concepción constitucional y legal de la Seguridad Social en Venezuela.

a) Concepción Constitucional.

La Constitución de la República Bolivariana de Venezuela no ofrece una definición precisa, en sentido estricto, de Seguridad Social.

En efecto, no responde a la pregunta ¿qué es la Seguridad Social?

El Constituyente de 1999 optó por hacer una descripción de la Seguridad Social, identificando con precisión los aspectos o elementos de mayor importancia.

El artículo 86 constitucional, aplicando el esquema seguido hasta ahora, señala, que, en Venezuela, ***"Toda persona tiene derecho a la Seguridad Social"***[10]; por consiguiente, el bien jurídico tutelado o el sujeto protegido es la persona humana. El Constituyente, sin embargo, a pesar de esta declaratoria de universalidad del derecho de toda persona a la seguridad social, hizo énfasis en algunos sectores de población como sujetos especiales con derecho a ser protegidos por la Seguridad Social: ancianos y ancianas, amas de casa, personas discapacitadas, indígenas, trabajadores culturales funcionarios públicos, deportistas, campesinos y miembros de las Fuerzas Armadas, entre otros.

En cuanto a lo que pudiese asimilarse a una definición, agrega, que la Seguridad Social, entendida como derecho, ***"(...) es un servicio público de carácter no lucrativo (...)"***. La noción de servicio público en Venezuela refiere más al acceso, al libre acceso, que a la naturaleza pública o privada del prestador del servicio; en consecuencia, la Seguridad Social se concibe como un derecho de toda persona y un servicio de libre acceso. No existe discriminación posible.

El artículo 86, desarrolla con amplitud el sistema protectivo, es decir, el campo de aplicación objetivo o material de la Seguridad Social. Al respecto, indica que la Seguridad Social debe:

---

9   P. Savchenko. ¿Qué es el Trabajo?. Editorial Progreso. Moscú, 1987. Pág. 64.

10 Gaceta Oficial de la República Bolivariana de Venezuela. Constitución de la República Bolivariana de Venezuela. N° 5.453, marzo, 24. 2000.

> *"(...) garantizar la salud y asegurar la protección en contingencias de maternidad, paternidad, enfermedad, invalidez, enfermedades catastróficas, discapacidad, necesidades especiales, riesgos laborales, pérdida de empleo, desempleo, vejez, viudedad, orfandad, vivienda, cargas derivadas de la vida familiar y cualquier otra circunstancia de previsión social".*

Sobre el contenido de este aparte del artículo 86 constitucional, A.R. Brewer-Carías, hace un comentario que estimamos importante, a saber:

> *"El artículo 86 de la Constitución establece el derecho a la Seguridad Social, como un derecho constitucional de toda persona, sin discriminación, en primer lugar, a que se le garantice la salud; y en segundo lugar, a que se le asegure protección en contingencias (...) Este derecho a la Seguridad Social, por tanto, comprende en realidad dos derechos constitucionales: primero, el derecho de toda persona a que se le garantice la salud; y segundo, el derecho, también de toda persona a que se le asegure protección en contingencias sociales o cualquier circunstancia de previsión social".[11]*

Finalmente, el artículo 86, prescribe dos (2) elementos de particular importancia en lo que respecta al sujeto obligado: El Estado, garante de la protección social. Y, la regulación del derecho a la Seguridad Social por una Ley Orgánica Especial.

La Seguridad Social entraña una relación jurídica, una relación interpartes: las personas de la especie humana y el órgano gestor o institucional, encargado de administrar el servicio público de la Seguridad Social, razón por la que este derecho de toda persona está regulado por ley orgánica especial. La Seguridad Social es obligación del Estado. El Estado se obliga a "asegurar" la "efectividad" del derecho a la Seguridad Social, **"(...) creando un sistema de Seguridad Social universal, integral, de financiamiento solidario, unitario, eficiente y participativo, de contribuciones directas o indirectas (...)"**. En síntesis, el artículo 86 de la Constitución, de línea, a grandes trazos, la concepción de un Sistema de Seguridad Social que, se espera, sea posible y efectivo en Venezuela.

---

11 Allan R. Brewer-Carías. "Consideraciones sobre el Régimen Constitucional del Derecho a la Seguridad Social, el Sistema de Seguridad Social y la Administración Privada de Fondos de Pensiones". En Libro Homenaje a Fernando Parra Aranguren. Tomo I. Universidad Central de Venezuela. Caracas, 2001. Pág. 75.

b) Concepción Legal. Ley Orgánica del Sistema de Seguridad Social (LOSSS).[12]

La LOSSS, desarrollo inmediato del artículo 86 de la Constitución, despliega en varios artículos los tres aspectos que venimos utilizando para dar cuenta de las nociones conceptuales sobre Seguridad Social. Así, tenemos, que el campo de aplicación subjetivo de la Ley o, sujeto protegido, lo establece, con precisión, en los artículos 4 y 17, al señalar, que:

> *"La seguridad social es un derecho humano y social fundamental e irrenunciable, garantizado por el Estado a todos los venezolanos residentes en el territorio de la República, y a los extranjeros residenciados legalmente en él, independientemente de su capacidad contributiva, condición social, actividad laboral, medio de desenvolvimiento, salarios, ingresos y renta, conforme al principio de progresividad y a los términos establecidos en la Constitución de la República Bolivariana de Venezuela y en las diferentes leyes nacionales, tratados, pactos y convenciones suscritos y ratificados por Venezuela" (LOSSS, artículo 4).*

El legislador orgánico, en el artículo 17, abre posibilidades para crear regímenes especiales de Seguridad Social para sectores de población con características particulares.

Al respecto, se indica, que las leyes que regularán los regímenes prestacionales:

> *"(...) establecerán las condiciones bajo las cuales los sistemas y regímenes prestacionales otorgarán protección especial a las personas discapacitadas, indígenas, y a cualquier otra categoría de personas que por su situación particular así lo ameriten y a las amas de casa que carezcan de protección económica personal, familiar o social en general". (LOSSS, artículo 17).*

En lo referente al campo de aplicación objetivo, material, contingencial, encontramos que, los artículos 17 y 18, reproducen, textualmente, el contenido protectivo-contingencias cubiertas – que el Constituyente de 1999, destacó en el artículo 86 de la Constitución, con el buen cuidado de diferenciar "estados de necesidad" o "contingencias" (artículo 17) de "prestaciones" o "beneficios" (artículo 18), mediante

---

12 Gaceta Oficial de la República Bolivariana de Venezuela. Ley Orgánica del Sistema de Seguridad Social. N° 37.600, diciembre 30, 2002 (Texto Original).

las cuales se cubrirán las "contingencias" o atenderán los "estados de necesidad".

Por último, en cuanto al sujeto obligado o garante de las "prestaciones" prometidas, la Ley destaca los elementos siguientes:

- Creación del Sistema de Seguridad Social, concebido como "servicio público de carácter no lucrativo". (artículo 1).

- El Estado como sujeto garante de la protección de la Seguridad Social (artículo 2).

- La relación entre "las personas y los órganos y entes del Sistema de Seguridad Social", es una relación jurídica regulada por la Ley (artículo 3).

- Definición de Sistema de Seguridad Social. "A los fines de esta Ley, se entiende por Sistema de Seguridad Social el conjunto integrado de sistemas y regímenes prestacionales, complementarios entre sí e interdependientes, destinados a atender las contingencias objeto de la protección de dicho Sistema" (artículo 5).

- Definición de Sistema Prestacional. "A los fines de esta Ley, se entiende por Sistema Prestacional el componente del Sistema de Seguridad Social que agrupa uno o más regímenes prestacionales" (artículo 6).

- Definición de Régimen Prestacional. "A los fines de esta Ley, se entiende por Régimen Prestacional el conjunto de normas que regulan las prestaciones con las cuales se atenderán las contingencias, carácter, cuantía, duración y requisitos de acceso; las instituciones que las otorgarán y gestionarán, así como su financiamiento y funcionamiento" (artículo 7).

c) Concepción Legal. Ley del Seguro Social.

La creación de los seguros sociales marcan, según algunos tratadistas (Uzcátegui Díaz, Rafael, y, Otros), el inicio de la Seguridad Social moderna. Venezuela está considerada como uno de los países que incorporó el Sistema de los Seguros Sociales a partir de la cuarta década del siglo XX.

Los Seguros Sociales constituyen un importante sistema de protección social, con gran arraigo en la población mundial y nacional y una cobertura poblacional y contingencial importante, sin alcanzar la universalidad.

En Venezuela, al igual que en otros países del mundo, los Seguros Sociales conviven con múltiples modalidades de protección social y, su futuro, depende de la aplicación y efectividad que el Estado conceda al Sistema de Seguridad Social creado por la Constitución y la LOSSS. La Ley del Seguro Social fue promulgada en 1940 y el Instituto Venezolano de los Seguros Sociales (IVSS) entró en actividad en el año 1944.

El sujeto tutelado o protegido por la Ley del Seguro Social es, principalmente, el trabajador, sometido a relaciones laborales de subordinación, aunque por la vía de reformas parciales de la Ley y algunas medidas del Ejecutivo Nacional, tal es el caso de la Gran Misión en Amor Mayor Venezuela", "Hijos de la Patria" y otras, se ha ampliado el campo de aplicación subjetivo de los seguros sociales, a personas distintas a las que expresamente señala la Ley, en su artículo 2; en consecuencia, el Seguro Social en Venezuela, brinda protección a los trabajadores permanentes bajo la dependencia de un patrono, y a sus familiares calificados en las contingencias de maternidad, vejez, sobrevivencia, enfermedad, accidentes, invalidez, muerte, retiro y cesantía o paro forzoso. (Artículo 1. Ley del Seguro Social).[13]

El órgano gestor o sujeto obligado a garantizar las prestaciones establecidas en la Ley, es el Instituto Venezolano de los Seguros Sociales. (Ley del Seguro Social. Artículo 51).

Nuestra concepción de la Seguridad Social.

Luego de una extensa revisión bibliográfica sobre la noción de Seguridad Social, nos hemos permitido elaborar una definición sobre la misma, a saber:

> *"La Seguridad Social es un sistema de protección social, fundado legalmente, orientado a garantizar a los habitantes de un país un mínimo de condiciones favorecedoras de una existencia humana y digna"[14].*

Esta definición, en procura de incluir todos los elementos presentes en una determinada concepción de la Seguridad Social, se ha ampliado en los términos siguientes:

> *" La Seguridad Social es un sistema de protección social, fundado legalmente, orientado a garantizar a las personas amparo o cobertura ante una serie determinada de contingencias y riesgos a los que están ex-*

---

13 Gaceta Oficial de la República Bolivariana de Venezuela. Número 39.912 del 30 de abril de 2012. Decreto N° 8.921, mediante el cual se dicta el Decreto con Rango, Valor y Fuerza de Ley de Reforma Parcial de la Ley del Seguro Social.

14 Absalón Méndez Cegarra. "Consideraciones generales sobre la Seguridad Social en Venezuela". En La Seguridad Social en Venezuela. Cuadernos de Postgrado N° 4. Universidad Central de Venezuela; Caracas, 1993. Pág. 22.

puestas tanto en la vida laboral como en la cotidiana, susceptibles de ser previstos, atendidos dichos riesgos mediante prestaciones o beneficios que se manifiestan o expresan en especie, servicio o en dinero, con el fin de mantener o mejorar la calidad de vida de las personas, evitando, así, que, por imprevisión, se profundicen los males sociales".[15]

La anterior definición se orienta a precisar ¿Qué es la Seguridad Social? Y, nos permite identificar los aspectos claves que definen su contenido. Entre estos aspectos tenemos los siguientes:

a) La Seguridad Social es un sistema o régimen de protección social (sistema de protección).

b) Como derecho social debe estar fundado legalmente (sujeto obligado: En primer lugar, el Estado, por ser el garante del cumplimiento de la Ley y los derechos sociales).

c) Es una garantía de protección frente a ciertas y determinadas situaciones sociales o riesgos (contingencias susceptibles de ser previstas), las cuales se atienden o amparan mediante prestaciones que se clasifican según su naturaleza en especie (medicinas), servicio (asistencia médica) o dinero (pensiones).

d) Es una garantía de protección establecida para toda la población (Sujeto o Bien Tutelado: El Ser humano: Universal).

e) La garantía tiene un límite. Un mínimo de condiciones. Dicho mínimo debe ser capaz de hacer posible la vida. Una vida digna y humana (Objetivo protector de la Seguridad Social); es decir, mantener o mejorar la calidad de vida, evitando con ello, que el estado de necesidad se profundice.

La definición de la Seguridad Social nos lleva al problema de su contenido:

Si la definición de la Seguridad Social se hace omnicomprensiva, extensa, amplísima, ésta se identifica con todo lo que promueve el bienestar del ser humano. Sí, contrariamente, su noción se limita a un mínimo vital, la Seguridad Social, como concepto y como práctica, pierde en extensión pero gana en intención, contenido y profundidad. La Seguridad Social, analizada como régimen de protección social, creado sobre bases científico-técnicas y criterios de racionalidad administrativa, debe garantizar a la población un conjunto de prestaciones, las cuales, a nuestro juicio, constituyen el contenido mínimo de la Seguridad Social.

---

15 Absalón Méndez Cegarra. Ponencia: "Situación de la Seguridad Social en Venezuela". Seminario: Actualidad en Derecho Laboral y la Seguridad Social". Universidad Central de Venezuela. Caracas, 22 de febrero de 2013.

Contenido protectivo de la Seguridad Social. [16]

ÁREA SOCIAL PROTEGIDA	PRESTACIONES
A. Protección al Trabajador	**Antes del trabajo:** - Formación, Capacitación y preparación para el trabajo. - Durante el trabajo - Salario justo. **Mejoramiento profesional.** - Condiciones Laborales. - Recreación. - Estabilidad laboral. **Después del trabajo** - Readiestramiento. - Recapacitación. - Seguro de Paro Forzoso. - Jubilación
B. Protección a la Familia.	**Vivienda:** - Asignación de vivienda. (Créditos para adquisición). - Préstamos para mejorar la vivienda. - Prima de mudanza. - Subsidio a los alquileres. **Sostenimiento y Educación de los hijos:** - Asignación por hijos menores o niños a cargo. - Asignación a los padres sin actividad laboral. - Ayuda al nacimiento. - Asignación para recreación. - Ayuda para la Educación. - Asignación en caso de salario único. - Asignación en caso de orfandad. - Asignación para gastos de guardería. - - Seguro de fallecimiento (vida). **Miembros de la familia con necesidades especiales:** - Asignación a favor de personas con discapacidad. - Asignación para Educación especializada. - Pensión por viudedad.
C. Protección a la salud.	**Salud General:** - Atención médica integral: promocional, preventiva-curativa y rehabilitación. - Suministro de medicinas y prótesis. - Seguro de maternidad. - Seguro de enfermedad. - Seguro de invalidez. **Salud Ocupacional:** - Atención médica integral en caso de contingencias profesionales: accidentes de trabajo y enfermedades profesionales. - Seguro de invalidez.
D. Protección a la vejez.	**Previa a la desincorporación del trabajo o entrada en la ancianidad.** - Asistencia o asesoramiento técnico. - Preparación para el inicio de nuevas actividades. **Posterior la desincorporación del trabajo:** - Jubilación. - Pensión de vejez. - Asignación a trabajadores ancianos asalariados. - Asignación a ancianos no asalariados. [1]

---

16 Cf. Absalón Méndez Cegarra. Cuadernos de Postgrado Nº 4. Ob. Cit. Págs. 22-24.

3. Evolución histórica de la Seguridad Social.

Criterios de periodización.

La mayoría de los tratadistas de la Seguridad Social abordan lo relacionado con su evolución histórica. Existe marcada similitud entre los diversos autores al momento de periodizar las etapas de la Seguridad Social.

> *Miguel Zúñiga Cisneros, tomando como criterio de periodización las "transformaciones sociales que se refieren a la concepción religiosa y filosófica de la sociedad humana, y a las determinadas actitudes y situaciones éticas, políticas y económicas que son su consecuencia natural, divide la historia de la Seguridad Social en seis (6) períodos.*

> 1. *El Precientífico, o Edad Antigua, o período de la masa humana indiferenciada: desde el IV milenio hasta el VI siglo a.d.C.*

> 2. *El período de la Revolución Científica, período o de la presencia del hombre como individualidad: desde el siglo VI (filosofía de Thales) a.d.C. hasta el siglo IV d.d. Cristo.*

> 3. *El Cristianismo, desde el siglo IV, cuando la nueva religión es legalizada por Constantino el año 313, hasta el siglo XV.*

> 4. *El Renacimiento, desde el siglo XV hasta fines del siglo XVIII.*

> 5. *El Liberalismo, desde fines del siglo XVIII hasta el siglo XX.*

> 6. *La Revolución Social, del siglo XX.[17]*

En el último período, el de las revoluciones sociales, ubica el autor el origen de la Seguridad Social en los términos sistemáticos como se le reconoce en la contemporaneidad.

José Almansa Pastor, divide la historia de la Seguridad Social en dos (2) grandes momentos a partir del criterio de "especificidad" adoptado por las medidas de protección o satisfacción de las necesidades sociales. En tal sentido, nos habla de:

A. Medidas protectoras inespecíficas de las necesidades sociales, que comprende:

A1. La Asistencia:

- Familiar.
- Privada.
- Pública.
- Social.

---

17 Miguel Zúñiga Cisneros. Ob. Cit. Pág. 125-126.

A2. La Prevención:

- Individual: El ahorro.

- Colectiva: La mutualidad y el Seguro Privado.

A3. Medidas protectoras específicas de necesidades sociales, que comprenden:

- La Prevención social.

- La Seguridad social. [18]

- Los Seguros Sociales.

Rafael Uzcátegui Díaz, luego de señalar, que:

> *Rafael Uzcátegui Díaz, divide la historia de la Seguridad Social, en dos grandes etapas: clásica y moderna. El hito divisorio lo constituye la creación de los Seguros Sociales. Al respecto, el autor señala lo siguiente:*

> *"Lo que hoy entendemos por Seguridad Social, es el fruto de un cúmulo de medidas que han evolucionado en el tiempo, mediante las transferencias de responsabilidades de personas y grupos a organizaciones mejor planeadas, señala como etapas divisorias de la historia de la Seguridad Social, las siguientes:*

> *A.- Primera etapa, la que corresponde a la concepción clásica de la seguridad social, y la cual está signada por las características de las organizaciones e instituciones destinadas a atender en cualquier forma las necesidades de sus miembros*

> *B.-Segunda etapa, correspondiente a la concepción moderna de la seguridad social del siglo XIX, y se caracteriza por el fortalecimiento del Derecho Social y la aparición de instituciones como los seguros sociales obligatorios, seguidos de la creación de organismos internacionales especializados y manifestaciones realizadas a través de eventos internacionales que fraguaron la doctrina de la seguridad social y le dieron difusión".[19].*

---

18 José Manuel Almansa Pastor. Derecho de la Seguridad Social. Editorial Tecno. Madrid. 1973. P. 33-78.

19 Cf. Rafael Uzcátegui Díaz. Estructura de la Seguridad Social y sus Implicaciones Económicas. Ediciones del Cuatricentenario de Caracas, 1960. Ob. Cit. Págs. 5-239

Javier Moctezuma Barragán, divide la historia de la Seguridad Social en las etapas siguientes:

A. "Etapa Pre-histórica".

En esta etapa precisa el autor una serie de rasgos o característi-cas que se corresponde con el surgimiento de una sociedad mer-cantil. Entre otros, tenemos los rasgos siguientes:

- La sobre-explotación del trabajo humano.

- La caridad como forma de protección social.

- El nacimiento del mutualismo gremial.

- La aparición de la "Declaración de los Derechos del Hombre", la cual contiene preceptos sobre la necesidad de proporcionar trabajo, suministrar medios de subsistencia y educación.

B. "Etapa clásica".

Esta etapa se corresponde con:

- El nacimiento de las sociedades industriales.

- El liberalismo económico como doctrina económica carente de una concepción del bien social.

- La sobre-explotación del trabajo humano.

- El surgimiento de movimientos cuestionadores: anarquismo, so-cialismo, social cristianismo.

- La intervención del Estado.

C. "Etapa Moderna".

Es la etapa del nacimiento de la seguridad social. Surge en Europa, con la aplicación de medidas de carácter social. Entre ellas, los seguros sociales y la seguridad social; y, se propaga en América, a raíz de la crisis económica de 1929, la cual da lugar al intervencionismo del Estado y a la instauración de la seguri-dad social como un agente de cambio.[20]

Las últimas décadas del siglo XX y las iniciales del siglo XXI, ofrecen un panorama en el campo de la Seguridad Social, que, no puede calificarse, irreflexivamente, como alentador o, evolu-cionista; por cuanto, como veremos en los capítulos siguiente, las bases que sustentaron el edificio conocido como Seguridad Social resisten el paso de los años y los cambios y transforma-ciones del mundo actual.

---

20 Javier Moctezuma Barragán. "Pautas Introductorias a la Seguridad Social y a sus Regímenes Normativos". En Memorias del II Congreso Interamericano Jurídico de la Seguridad Social. Montevideo. Uruguay. 1990. Pág. 25.

Capitulo II
Los sistemas de Seguridad Social

1. Los sistemas de seguridad social. Elementos conceptuales.

La evolución de los sistemas de Seguridad Social en la mayoría de los países del mundo ha sido lenta, pero, progresiva. Su evolucionar no se ha detenido en el tiempo, aunque, a decir verdad, los tiempos actuales son de incertidumbre y grandes incógnitas para la Seguridad Social. A partir del momento que las formas de protección social de inspiración caritativa, filantrópica y beneficio-asistencial, cedieron espacio al nacimiento de los Seguros Sociales, hasta nuestros días, la Seguridad Social se ha venido consolidando, aún en los tiempos presentes, cuando las corrientes de pensamiento político-ideológicas de corte neoliberal presionan para que la protección social de las personas sea una cuestión de voluntad individual, y, no, el ejercicio de un derecho humano y social fundamental, cuya garantía depende del colectivo social, expresado en los fines y funciones de los Estados de la contemporaneidad.

La Seguridad Social, aunque parezca paradójico, al menos en sus inicios, en su modalidad Seguros Sociales, no ha contado con el apoyo irrestricto de los trabajadores y de los empleadores, toda vez que cualquier tipo de exacción de los ingresos o salarios, aún para recibir beneficios a futuro, en tanto la cotización o contribución obligatoria a la Seguridad Social, se entienda como salario diferido, no ha sido bien vista por los sujetos que intervienen en el proceso productivo. La Seguridad Social ha sido obra, en lo esencial, de los hombres y mujeres de Estado, de estadistas y entidades gubernamentales. De esta situación da cuenta José Mª López Valencia, al referirse a la evolución progresiva de los Seguros Sociales en la España atrasada y rural de comienzos del siglo XX. Al respecto, señala el autor citado, lo siguiente: *"En la política de previsión social se han ensanchado los horizontes. El clásico sistema evolucionista español consistía en la implanta-*

ción progresiva. La Ley incorporó un seguro social, el de vejez, al derecho social español. Las condiciones en que este seguro se implantó son bien conocidas: hostilidad en las clases patronales, indiferencia e ignorancia en las clases obreras, incomprensión y desconocimiento en el resto de los grupos sociales. Era, pues, preciso afianzar este seguro, defenderlo, librarlo de obstáculos, abonar el campo con la propaganda y con el ejemplo. Los obreros no cotizaban, no se interesaban por el seguro; para interesarlos, se dio un paso más, estableciendo el régimen de mejoras a base de cotizaciones voluntarias estimuladas por la bonificación. Con ello se daba también un paso hacia los seguros de invalidez y muerte, accesibles a los que hubieran voluntariamente cotizado".[21]

El camino largo y tortuoso recorrido por la Seguridad Social en España, guardando las distancias, ha sido recorrido también por la Seguridad Social en otros países, entre ellos, Venezuela, con iguales signos de rechazo empresarial, laboral y social, como puede evidenciarse en el Diario de Debates del Congreso de la República de Venezuela, en la oportunidad que fue sancionada la primera Ley del Seguro Social, en 1940, para establecer en el país un régimen segurista de atención ante las contingencias de enfermedad y accidentes, para la naciente clase obrera.

Es, veintiséis años después, en 1966, cuando una nueva Ley del Seguro Social, vigente a partir de 1967, incorpora los regímenes de prestaciones en dinero, a largo plazo, para las contingencias de vejez, discapacidad temporal y parcial, sobrevivencia, nupcias y asignaciones funerarios.

> *"La presente Ley regula el régimen del Seguro Social Obligatorio en las contingencias de enfermedad y accidentes, maternidad, invalidez, vejez, sobrevivientes y paro forzoso". (Ley del Seguro Social. Artículo 1. 1966).*

Muy tardíamente, en 1989, se reglamenta la contingencia del Paro Forzoso. La escena de la reticencia al establecimiento de la Seguridad Social en el país se repite en la Asamblea Nacional Constituyente de 1999 y se mantiene hasta nuestros días, con la dilación gubernamental innecesaria e inconveniente, para poner en marcha el Sistema de Seguridad Social establecido como derecho social, en el artículo 86 de la Constitución de la República Bolivariana de Venezuela (1999) y, desarrollado ampliamente en la Ley Orgánica del Sistema de Seguridad social (2002).

---

21 José Mª López Valencia. Los Seguros Sociales en el Medio Rural. Publicaciones del Instituto Nacional de Previsión. Madrid-España, 1933. Pág. 8.

¿Qué entendemos por Sistema de Seguridad Social?

La organización del conjunto de prestaciones señaladas, atendiendo a los principios de universalidad, solidaridad y unidad, da la base para crear, en sentido técnico del término, un Sistema de Seguridad Social. Por consiguiente, un Sistema de Seguridad Social es un conjunto orgánico, coherente, interrelacionado e interdependiente de instituciones, programas y regímenes que tiene como función atender ciertas necesidades y contingencias de la población mediante el otorgamiento de prestaciones sociales.

La Ley 100 de la República de Colombia, al definir la "Seguridad Social Integral", establece lo siguiente:

> *"La Seguridad Social Integral es el conjunto de instituciones, normas y procedimientos, de que dispone la persona y la comunidad para gozar de una calidad de vida, mediante el cumplimiento progresivo de los planes y programas que el Estado y la sociedad desarrollen para proporcionar la cobertura integral de las contingencias, especialmente las que menoscaban la salud y capacidad económica de los habitantes del territorio nacional, con el fin de lograr el bienestar individual y la integración de la comunidad".*[22]

Y, al definir el Sistema, lo hace en los términos siguientes:

> *"El sistema de seguridad social integral tiene por objeto garantizar los derechos irrenunciables de la persona y la comunidad para obtener la calidad de vida acorde con la dignidad humana, mediante la protección de las contingencias que la afecten.*
>
> *El sistema comprende las obligaciones del Estado y la sociedad, las instituciones y los recursos destinados a garantizar la cobertura de las prestaciones de carácter económico, de salud y servicios complementarios, materia de esta Ley, y otras que se incorporen normativamente en el futuro".*[23]

María José Rodríguez, a quien citaremos en extenso, al precisar el concepto y características del Sistema de Seguridad Social en España, refiere lo siguiente:

> *"Podemos definir el Sistema de Seguridad Social como el conjunto de normas y principios elaborados por el Estado con la finalidad de proteger las situaciones de necesidad de los*

---

22 República de Colombia. Ley 100 de 1993. Preámbulo.

23 República de Colombia. Ley 100. Art 1º.

> *sujetos, independientemente de su vinculación profesional a un empresario y de su contribución o no al Sistema. En pocas palabras podríamos decir que la Seguridad Social protege la relación jurídica de Seguridad Social, caracterizada por ser pública y con tendencia a la universalidad. Como puede observarse, ya no se resalta el elemento contributivo, por la propia existencia de las prestaciones no contributivas. De esto se infiere varios caracteres:*
>
> *a) Se trata de un Sistema público, donde el Estado, como ya afirmara Beveridge, está obligado a cubrir las necesidades de los sujetos necesitados de protección. Todo ello sin perjuicio de la colaboración de las entidades privadas en la gestión del mismo, lo que no desvirtúa su carácter público (...)*
>
> *b) De carácter mixto, por las prestaciones que dispensa, lo que hoy día es indiscutible, al conjugar prestaciones contributivas y no contributivas.*
>
> *c) Cuyos fines son cubrir las situaciones de necesidad con la regulación de determinadas prestaciones en un intento de universalizar su ámbito subjetivo y objetivo de aplicación.*
>
> *d) La protección de los sujetos con independencia de su vinculación a un empresario nos hace plantearnos una cuestión que no es nueva: la autonomía o integración de la Seguridad Social dentro del Derecho del Trabajo (...)* "[24]

En lo que respecta a Venezuela, la Ley Orgánica del Sistema de Seguridad Social, como lo hemos referido supra, en su artículo 5, se limita a señalar que:

> *"A los fines de esta Ley, se entiende por Sistema de Seguridad Social el conjunto integrado de sistemas y regímenes prestacionales, complementarios entre sí e interdependientes, destinados a atender las contingencias objeto de la protección de dicho Sistema".*

Seguidamente, agrega, en el artículo 19, que:

> *"El Sistema de Seguridad Social, sólo a los fines organizativos, estará integrado por los sistemas prestacionales siguientes: Salud, Previsión Social y Vivienda y Hábitat. Cada uno de los sistemas prestacionales ten-*

---

24 María José Rodríguez Ramos, Juan Gorelli Hernàndez y Maximiliano Vilchez Porras. Sistema de Seguridad Social. Editorial. Tecnos. Séptima Edición. Madrid, España, 2005. Págs. 43-45.

> *drá a su cargo los regímenes prestacionales mediante*
> *los cuales se brindará protección ante las contingen-*
> *cias amparadas por el Sistema de Seguridad Social. La*
> *organización de los regímenes prestacionales procura-*
> *rá, en atención a su complejidad y cobertura, la aplica-*
> *ción de esquemas descentralizados, desconcentrados,*
> *de coordinación e intersectorialidad".*[25]

Un Sistema de Seguridad Social como el señalado puede asumir mecanismos administrativos diversos. Así, tenemos, que puede fragmentar la población en razón de la capacidad contributiva o no; sometimiento a una relación laboral o no, regímenes uniformes o diferenciales; establecimiento de prestaciones legales principales y prestaciones suplementarias o complementarias; conservación y mantenimiento de formas de acción social según el arraigo y fortaleza en la sociedad, entre otros aspectos. Como ejemplo de esta posibilidad organizativa y funcional puede citarse el caso francés. En Francia, el Sistema de Seguridad Social ofrece dos grandes tipos de prestaciones: legales y suplementarias. Las primeras, es decir, las legales, se enmarcan dentro de la figura técnica de la Seguridad Social, por tanto, para obtener el derecho a las mismas es imprescindible cumplir con los requisitos que permiten la calificación de sujetos amparados o protegidos. Las segundas, las suplementarias, complementan la prestación legal o principal y su otorgamiento es responsabilidad de los fondos de acción sanitaria y social, los cuales se configuran dentro de la acendrada tradición mutualista del pueblo francés. De allí el hecho que algunos autores diferencien entre "sistemas" y "regímenes" de Seguridad Social.

> *"Por "sistema", se entiende el "conjunto de regímenes*
> *de Seguridad Social"; y, por "regímenes", "el con-*
> *junto de disposiciones legales y reglamentarias que*
> *contemplan, ordenan y determinan las modalidades,*
> *cuantías y duración de la concesión de determinadas*
> *prestaciones que se pueden agrupar bajo comunes de-*
> *nominadores en virtud de las características particula-*
> *res que las homogenizan"*[26]

> *"Tal concepción permite distinguir en la práctica de*
> *la Seguridad Social, cuatro (4) tipos de regímenes, a*
> *saber: generales, sustitutos o especiales, complemen-*
> *tarios y privados"*[27].

---

25 República Bolivariana de Venezuela Ley Orgánica del Sistema de Seguridad Social. Gaceta Oficial N° 39.912. 30-04-2012.

26 Alvaro Castro Gutierrez. "Estructura y Organización Jurídica de la Seguridad Social" (mimeografiado). Ginebra, 1990. Pág. 1. Citado por Javier Mostezuma. Ob. Cit. Págs 29-30.

27 Javier Moctezuma. Ob. Cit. 1990. Pág. 29.

Los elementos claves para su distinción son: el alcance de la cobertura poblacional y prestacional, obligatoriedad y las modalidades de financiamiento. Lo importante, en consecuencia, no es que existan diversas formas de protección social sino que éstas respondan a un principio o eje rector de búsqueda de bienestar que corresponde definir y trazar a la política social general y, en particular, a la política social del Estado.

2. Principios doctrinarios que orientan el diseño de un sistema de Seguridad Social.

Históricamente, la Seguridad Social ha estado guiada e informada por una serie de principios filosóficos, doctrinarios y técnicos en un contexto humano de justicia y equidad social. Los principios con aceptación universal son los siguientes:

a) **Universalidad**: La Seguridad Social, al definirse como un instrumento de protección para toda la sociedad, requiere que su campo de aplicación no presente fronteras, en consecuencia, todos los miembros de la sociedad tienen deberes y derechos. Deberes, en cuanto se refiere a los aportes y contribuciones que por obligación toda la población debe otorgar; derechos, en cuanto todos los sectores sociales son elegibles para recibir los beneficios que el sistema otorgue.

b) **Solidaridad:** Independientemente de la filosofía de vida que cada quien sostenga, resolver los escenarios y condiciones de conflictividad social se asume como meta de todos los sectores, a fin de que los ciudadanos alcancen niveles de vida dignos y decorosos. En el camino de lograr dicho objetivo, los individuos, de acuerdo a sus particulares condiciones físicas y mentales, deben encontrar vías expeditas para acceder a los medios que le permitan colocarse en posiciones adecuadas para forjar su bienestar, en correspondencia con el interés colectivo. Más, la realidad es fiel reveladora de los desniveles en que se encuentran diversidad de personas, grupos o sectores. Unos, disfrutan de oportunidades para el trabajo libre, asociado o dependiente, lo que les permite obtener condiciones de vida adecuadas. Otros, por razones particulares o generales, se encuentran marginados de las oportunidades para superar su situación social y económica. Por ello, se impone que los que se encuentran en situación favorable ayuden a sus congéneres, contribuyendo con los programas proteccionales en proporción a sus particulares posibilidades económicas, para que los que no participan de la riqueza social, puedan hacerlo, materializándose la idea de la solidaridad, la cual establece la relación progresiva de los aportes, base de la Seguridad Social. Ahora bien, la solidaridad humana para que alcance su verdadera significación no es ilimitada y debe ser bien entendida. Solidaridad es un sentimiento humano que se manifiesta y activa en relación con el otro, no es sólo recipiendario, él, también, debe manifestar igual sentimiento; por consiguiente, la solidaridad no es unilateral, sino bilateral, recíproca. Cuando la solidaridad es sólo unilateral, ésta se distorsiona por completo, como sucede en materia de política social con los programas sociales definidos exclusivamente como simples transferencias, por lo general, dinerarias, orientadas a aliviar transitoriamente los rigores de la pobreza. Esta situación distorsionadora de la solidaridad se sintetiza en el mensaje bíblico: "enseñad a pescar". Es decir, si, en verdad, hay un sentimiento humano solidario, lo procedente en la relación social colectiva, con el otro, es dotar a todas las personas de las oportunidades de acceso para que cada persona se equipe de los instrumentos y medios que le permita, por sí misma, obtener los satisfactores de sus necesidades. No se trata sólo de dar, hay que buscar las fórmulas para procurar.

c) **Integralidad:** Siendo el fin de la Seguridad Social colocar a los seres humanos en condiciones para labrarse su bienestar o, cuando sus fuerzas no le permitan incorporarse a los procesos productivos, obtener lo suficiente para vivir en forma digna y decorosa, resulta obvio apreciarlo en forma integral más que atender algún lado del cuadro de sus necesidades. La práctica protectiva fragmentaria mantiene al ser humano en condiciones de sobrevivencia, lo cual es contrario al valor de la dignidad humana. Además, inconveniente, pues convierte los programas sociales en eternas acciones asistencialistas, dejando de lado la noción de derecho social.

d) **Unidad:** Se refiere al órgano gestor, es decir, la entidad que tiene bajo su responsabilidad administrar los programas de la Seguridad Social. Como principio fundamental sostiene la inconveniencia de la existencia de varias instituciones que tengan bajo su responsabilidad la administración de un mismo programa. Esto redunda en un incremento innecesario de los costos y esfuerzos operacionales y humanos, tornándolo improductivo en su evolución y desarrollo por una parte, y, por la otra, los escasos recursos mal invertidos en unos programas, al no formar parte de otros tan importantes como aquellos, provocan desatención, ineficiencia y malestar en la población. Para cada programa debe haber un solo órgano gestor, bien administrado.

A estos cuatro principios fundamentales se suman otros de carácter técnico-operativo. Entre ellos tenemos: la participación, la eficiencia y la internacionalización.

a) **Participación:** Los sistemas de Seguridad Social resultan herramientas de la población para atender sus estados de necesidad. La Seguridad Social es un deber y un derecho de todos los ciudadanos; por consiguiente, los miembros de la sociedad no sólo están obligados a contribuir a su financiamiento en proporción a la particular capacidad económica, sino a velar por su correcto y adecuado desarrollo. Corresponde a la población, como actores en el proceso de gestión de la Seguridad Social, intervenir activamente para lograr su perfeccionamiento y consolidación. Se identifican determinadas necesidades que padece la población y se crean espasmódicamente programas de atención específica. Más, los beneficiarios logran sobrevivir el momento, pero al no verse dotados de herramientas adecuadas para su incorporación al proceso productivo, permanecen indefinidamente dentro de la población elegible para tales programas, lo que fomenta conductas negativas, dependientes, fundamentadas en permanentes condiciones menesterosas. Ello, aparte de su ineficacia, viola un régimen de valores que se fundamenta en el respeto a la dignidad humana. Los programas sociales deben procurar que la persona se incorpore dignamente al proceso productivo nacional, haciéndolo útil a sí mismo y a la sociedad, por lo cual la función rehabilitadora de los programas de Seguridad Social tiene un valor fundamental para el ciudadano y el país. Los programas ejecutados para grandes poblaciones y extensas regiones dificultan la puesta en práctica de eficientes controles, aún cuando éstos hayan sido diseñados adecuadamente, atendiendo a un esquema normativo centralizado. La estructura decisoria ejecutiva debe estar muy cerca de la población que se desea atender. De esta manera, la población puede influir en el actuar de los órganos gestores, lo cual convierte a los beneficiarios directos en controladores de la calidad de los servicios que reciben. La población atendida debe ser provista de instrumentos adecuados para influir en los ejecutores de tales servicios, lo que promoverá la eficiencia del sistema social.

b) **Eficiencia:** Los recursos administrativos, técnicos y financieros propios del Sistema de Seguridad Social, deben ser utilizados adecuadamente, para que los beneficiarios reciban servicios de calidad, oportunos y eficientes. Ello tiene que ver con la gerencia del proceso. El diseño de la estructura de los programas sociales debe contener previsiones para permitir una gerencia efectiva y adecuada, con controles pertinentes y no perturbadores del proceso. La capacidad contralora no refiere sólo a lo relacionado con la inversión o gasto de los ingresos del sistema; su alcance es mucho mayor y comprende la evaluación permanente del sistema en cuanto a su base demográfica, cambios socioeconómicos, avances científico-técnicos y socio-jurídicos. El proceso diagnosis-acción-prognosis debe ser la constante en la gestión de la Seguridad Social.[28]

c) **Internacionalización.** Las migraciones de población y, en la actualidad, la libre movilidad de los factores de producción, particularmente, la fuerza de trabajo, ha propiciado el establecimiento de normas, mediante pactos, acuerdos y convenios, internacionales, multilaterales y bilaterales, orientados a brindar protección social a las personas en cualquier lugar del mundo donde ellas se encuentren. Esta práctica ha venido sentando las bases para que prontamente se estructure un Código Internacional de la Seguridad Social.

3. Desarrollo de los sistemas de Seguridad Social.[29]

El desarrollo de los sistemas de Seguridad Social no ha sido rectilíneo. En cada país, la Seguridad Social presenta características propias, las cuales marcan sus diferencias, aún en contextos poco susceptibles a la diversificación, como es el caso de Latinoamérica.

En los países denominados industrializados, particularmente los del continente europeo, la Seguridad Social, al menos hasta antes de la crisis económica de los años 80, siguió un proceso de evolución caracterizado, entre otros aspectos, por los siguientes:

---

28 Este punto fue elaborado conjuntamente con los Licenciados Rafael Pinto y José Ferrer, como fundamento a la propuesta de crear un Sistema de Seguridad Social Integral, la cual fue publicada en la colección CODEX-FACES. U.C.V. Caracas, Noviembre 1994.

29 La elaboración de este punto se fundamenta en una síntesis de los documentos siguientes:

Oficina Internacional del Trabajo. "La Seguridad Social en los países industrializados". El Trabajo en el Mundo. Editorial Nueva Sociedad. Caracas-Venezuela, 1990. Ap. 6. Vol. 1. Págs. 163-186.

Carmelo Mesa Lago "Aspectos Económico-Financieros de la Seguridad Social en América Latina y el Caribe; Tendencias, Problemas y Alternativas para el año 2000". En Memoria del II Congreso Interamericano Jurídico de la Seguridad Social. Montevideo, Uruguay, Octubre de 1990. Págs. 479-626

a) Creación de un sentimiento colectivo sobre la importancia y necesidad de la protección social, es decir, una cultura de la Seguridad Social que de arraigo y confianza en la población. La base de sustentación es un sentimiento de solidaridad colectiva organizada.

b) Definición como un elemento o componente esencial de las políticas nacionales de desarrollo.

c) Amplitud del campo de aplicación. En lo que respecta a la población tiende al establecimiento de regímenes universales y en cuanto a las contingencias cubiertas se orienta por lo establecido en la Norma Mínima de Seguridad Social, Convenio 102 de la Organización Internacional del Trabajo (1952).

d) Creada para procurar protección eficaz a la población, con énfasis en el mantenimiento de los ingresos y adaptando los programas prestacionales, en especial los dinerarios, al crecimiento del costo de la vida.

En los países de menor industrialización, tal es el caso de los latinoamericanos, la creación de los Sistemas de Seguridad Social, igualmente, antes de la crisis económica de los años 80, se orientó por la institución de los Seguros Sociales. Por consiguiente, en estos países, la Seguridad Social difiere, en cuanto a características, de las apreciadas en las naciones europeas. En América del Sur, la Seguridad Social, globalmente considerada, ha presentado las características siguientes:

a) No fue concebida como componente básico de las políticas nacionales de desarrollo, sino como una actividad subordinada a lo económico, al igual que toda la política social.

b) No ha logrado desarrollar una cultura de la previsión, por lo tanto, carece de arraigo entre la población, lo que explica la ausencia de pertenencia y defensa de sus instituciones.

c) El campo de aplicación ha sido limitado. Ha predominado el criterio sectorial y no el universal; con énfasis en los enfoques laborales formales y en respuesta a la presión ejercida por los sectores de avanzada o mejor organizados de la población. Este hecho explica el gran porcentaje de población excluida de los esquemas formales de protección social.

d) La protección social resulta ineficaz en atención a la parcialidad e inoportunidad de sus modalidades prestacionales.

e) Marcada tendencia a la multiplicidad institucional y retardo en su unificación, aún cuando destacan el Seguro Social y la Asistencia Social.

f) El sistema de financiamiento es tripartito, con enormes facilidades para la evasión y la mora; y, por el carácter laboral-sectorial, con baja capacidad contributiva.

g) Por las características de la dinámica poblacional, ha resultado funcional, hasta ahora, el sistema intergeneracional.

h) Sin haber alcanzado la madurez plena, presenta desequilibrios actuariales, debido, entre otras razones, a los costos del cuidado integral de la salud y la pérdida del poder adquisitivo de las pensiones; así, como por la inversión de la relación activos/pasivos.

i) Excesiva tendencia a la dispersión en materia de normatividad jurídica.

j) Inadecuados e insuficientes sistemas de información y contabilidad.

4. La crisis de los sistemas de Seguridad Social.

La situación de estancamiento económico que se hizo presente en la mayoría de países del mundo a finales de la década de los años 80, aunado a otros factores, en especial demográficos, precipitó la discusión sobre la viabilidad y perennidad de las formas de protección ideadas como bases instrumentales de la Seguridad Social.

Sí, el desarrollo de la Seguridad Social, como hemos visto, se ha manifestado de diversas maneras, sus desequilibrios actuales tratan de homogeneizar sus impactos en la calidad de vida de los pueblos. Es, así, que tanto en los países industrializados como en los de menor crecimiento económico, encontramos las causas generales de lo que podemos denominar la crisis de la Seguridad Social, las cuales podemos ubicar en cinco dimensiones: económica, fiscal, laboral, socio-demográfica y Seguridad Social propiamente dicha.

En el aspecto puramente económico, tenemos que la recesión económica mundial ha determinado la necesidad de impulsar cambios en los procesos productivos y en la dinámica del mercado internacional. El aumento de la productividad en las unidades de producción como imperativo para alcanzar mayor posición competitiva, ha alimentado la transformación en los patrones tecnológicos (reconversión industrial), la flexibilización de los mercados laborales, la transnacionalización del capital y de las inversiones y la apertura del mercado mundial (globalización).

En lo que corresponde al papel del Estado, tenemos graves desequilibrios económicos del sector público, lo cual es consecuencia, por un lado, del endeudamiento público e incremento del gasto, y, por otro, de las tendencias (neoliberales) a disminuir la 0intervención del Estado en la vida económica y social de la población, a reducir su tamaño y poder fiscalista, lo cual se traduce en menores recursos públicos, particularmente, para ser aplicados al sector social.

En el aspecto laboral, nos encontramos con una situación dramática. Las políticas económicas definidas y aplicadas han generado un mayor desempleo abierto y encubierto (subempleo) y una pérdida en el poder adquisitivo de los ingresos e, inclusive, una tendencia en el sector empleador privado, al igual que lo hace el Estado, a transferir la responsabilidad por la protección social a manos de los propios individuos, al mismo tiempo que se estimulan relaciones laborales atípicas e individualizadas y comienza a diluirse las nociones de empleo, puesto de trabajo, salario y contribuciones o cotizaciones (empleo precario).

En el área socio-demográfica sobresale la tendencia al envejecimiento de la población como resultado de una menor mortalidad y una mayor esperanza de vida al nacer y la aparición de nuevos cuadros de morbilidad acompañados de un incremento no controlable de los costos en salud en virtud de una compleja y sofisticada tecnología médico-farmacéutica creada básicamente para actuar en lo curativo-restitutivo y en menor proporción en lo promocional-preventivo.

Todo lo anterior tiene su corolario en los Sistemas de Seguridad Social. El envejecimiento de la población, la separación de los trabajadores de la relación laboral tanto por razones de edad (jubilación) como por razones tecnológicas y de cierre de unidades productivas (desempleo y subempleo), el incontrolable costo de la atención médica, el reforzamiento de la conducta previsiva individual y la reducción del gasto público social, han creado una situación difícil en los Sistemas de Seguridad Social tradicionales, lo cual se expresa en forma paradójica, pues, al mismo tiempo que se incrementan los estados de necesidad (contingencias) que debe atender, disminuyen los recursos financieros para hacerlo (aportes o contribuciones). Cada vez existen menos trabajadores cotizantes y contribuyentes (desempleo, sub-empleo y jubilación) y mayores demandantes de prestaciones sociales (desempleados, ancianos, enfermos). Situación crítica de desequilibrios financieros y actuariales que han obligado a revisar dichos Sistemas de Seguridad Social para incorporar cambios o modificaciones en los requisitos para tener derecho a las prestaciones ("límites a las transferencias sociales") y en los modelos, regímenes y métodos de financiamiento y de gestión, tal como sucede en algunos países europeos (España, Italia, Francia, Grecia, Portugal) y en los latinoamericanos que han intentado reformas profundas en sus Sistemas de Seguridad Social, tal es el caso de Chile, Cuba, Argentina, México, Perú y Colombia. Estas tendencias que se aprecian en la evolución de la Seguridad Social en las postrimerías del siglo veinte, las resume, quién en su momento, se desempeñó como Secretario General de la Asociación Internacional de la Seguridad Social (AISS), en los puntos siguientes:

a. Un reexamen de la Seguridad Social en las sociedades contemporáneas".

"El peso del financiamiento de la Seguridad Social en el costo total de producción y servicios y, de manera más general, el porcentaje del producto bruto nacional asignado a los gastos sociales, han pasado a ser una de las mayores preocupaciones en gran número de países" (...)

"Este reexamen ha renovado el interés en dos métodos alternativos para resolver los problemas de la seguridad de los ingresos en la vejez y en los casos de incapacidad y fallecimiento. En el extremo del espectro se encuentran aquellos proponentes que desean sencillamente desmantelar los Sistemas de Seguridad Social y optar por soluciones privadas, con la responsabilidad de hacer una planificación prudente para enfrentarse con las vicisitudes de la vida, apoyándose principalmente en los individuos (...) El segundo y más ingenioso enfoque es el que consiste en transformar progresivamente la seguridad social en programas que proporcionan una "red de seguridad" mínima para la protección".

b. "El problema de la dependencia y los incentivos en los programas de seguridad social".

"Otras de las principales tendencias,(...) es la preocupación sobre el problema de la dependencia y la cuestión estrechamente relacionada del programa de incentivos, o sea qué medidas pueden adoptarse para estimular activamente a los beneficiarios de la seguridad social a que se retiren de las listas de prestación y regresen a un empleo retribuido".

c. "Mejoras Administrativas y evolución de las relaciones con el beneficiario".

"Otra tendencia notable y significativa para el futuro es el interés mundial por el mejoramiento de la administración de

> *los programas de la seguridad social (...) sometidos a la presión de rendir más recursos día en día menores, los administradores vuelcan crecientemente su energía y su creatividad en la tarea de descubrir los medios para suministrar prestaciones y servicios a menor costo y con mayor precisión".*[30]

Lo expuesto es el contexto en el cual se desarrolla la Seguridad Social a escala mundial en los inicios del nuevo milenio. Veamos, a continuación, con un poco más de detalle, la situación particular de América del Sur.

En el año 1991, en el marco del movimiento reformista de la Seguridad Social en Latinoamérica, Carmelo Mesa-Lago, experto en Seguridad Social, amplia e internacionalmente reconocido, elaboró para el Banco Interamericano de Desarrollo (B.I.D.) un extenso y detallado diagnóstico de la situación de la Seguridad Social en América Latina y el Caribe[31]. Los aspectos conclusivos de este Informe, coinciden, como lo veremos más adelante, con los señalamientos que, sobre el mismo tema, formulara el Director de la Oficina Internacional del Trabajo, en evento celebrado en Venezuela, durante el año 1992, y, con lo expuesto por el Director General de la AISS, también, en 1992.

Entre los problemas más acuciantes que presenta la Seguridad Social en la región, a juicio de Mesa-Lago, destacan los relativos a su escasa cobertura y déficit financiero. En cuanto a la cobertura, los distintos regímenes han adoptado la modalidad del Seguro Social y, en consecuencia, los criterios seguidos para desarrollar su campo de aplicación en lo atinente a cobertura poblacional, han sido los siguientes:

a) Nivel de ingreso;
b) Calificación laboral; y,
c) Poder de los grupos sociales.

Y, respecto a la cobertura territorial:

a) Zonas industrializadas;
b) Zonas sindicalizadas;
c) Zonas urbanas; y,
d) Zonas con mayor porcentaje de asalariados e ingresos per cápita más altos.

---

30 Dalmer D. Hoskins. Secretario General de la Asociación Internacional de la Seguridad Social". "Evolución y Tendencias de la Seguridad Social 1990-1992". Revista Internacional de Seguridad Social. Nº 4/92. Vol. 45. Ginebra, 1992. Págs. 11-15.

31 Cf. Carmelo Mesa Lago. "La Seguridad Social En América Latina". En Progreso Económico y Progreso Social en América Latina. Banco Interamericano de Desarrollo. Washington D. C. Estados Unidos, 1991.

Estos criterios adoptados tienen como eje vertebrador la figura del trabajador asalariado, dependiente, característico de los denominados sectores modernos de la economía. Por lo tanto, tal criterio se muestra excesivamente excluyente, sobre todo en nuestras sociedades atrasadas, rurales y con grandes índices de desocupación, sub-ocupación y trabajadores autónomos.

Este hecho determina que sólo el 61% de la población económicamente activa de la región (PEA), según reportes suministrados por el doctor Mesa-Lago, esté cubierto por el subsistema más importante de la Seguridad Social, el Seguro Social. Este 61%, incluye a Brasil. Al excluir este país, el porcentaje de cobertura de la población trabajadora baja sensiblemente (43% de la PEA). Clasificados los países de la región, atendiendo a la cobertura de la Seguridad Social, tenemos un primer grupo, formado por Cuba, Brasil, Argentina, Chile, Uruguay, Costa Rica y Panamá, que registra una cobertura superior al 60% de la PEA; un segundo grupo de países, en el cual se ubica Venezuela, tiene cobertura superior al 30%; y, por último, un tercer grupo, integrado por más de la mitad de los países de la región, con cobertura inferior al 25%. Si el criterio determinante para definir el campo de aplicación del Seguro Social es, como hemos visto, el de trabajador asalariado, bajo relación de dependencia, es fácil comprender por qué el alcance de la Seguridad Social en la región se limita a los centros urbanos, polos de crecimiento y zonas industrializadas, es decir, los espacios donde se ubica la mano de obra o fuerza de trabajo asalariada y, por lo tanto, zonas con población trabajadora organizada, sindicalizada, mejor remunerada y con mayor capacidad crítica.

En lo que respecta al financiamiento de la Seguridad Social en la región, Carmelo Mesa-Lago, diagnóstica la situación deficitaria de los distintos regímenes. Atribuye, el autor, este déficit, entre otros factores, a la escasa contribución derivada de la falta de crecimiento económico, desocupación, bajos salarios, excesivos gastos administrativos de los órganos gestores y generosidad de las prestaciones que ofrecen dichos órganos a sus afiliados. Como salidas al problema de la financiación se recomienda:

a) Aumentar las cotizaciones;

b) Controlar la evasión y la mora;

c) Recobrar la deuda del Estado;

d) Mejorar la política de inversiones;

e) Reducir los costos de administración;

f) Reducir la generosidad de las prestaciones y liberalidad de las condiciones de adquisición.

La situación deficitaria en materia de financiamiento de la Seguridad Social en la región, como es lógico, se presentó en momentos que la economía latinoamericana sufría los embates de un desequilibrio estructural y la puesta en marcha de políticas de ajuste que se materializaba en apertura de mercados; liberación de políticas públicas relativas a control de precios, intervención económica, fijación de salarios, etc.; reconversión industrial; privatización y transferencia de bienes y servicios del sector público al sector privado; lo cual se traduce en inflación, costo de la vida, bajos salarios, desempleo, sub-ocupación, hambre y miseria. Este cuadro, como es de suponer, es el menos indicado para intentar cambios o transformaciones en el débil régimen de protección social. Sin embargo, estos cambios lucían fundamentales en la estrategia del ajuste, de ahí que se citen como propuestas para ampliar la cobertura y mejorar la equidad de la Seguridad Social en América Latina, las siguientes:

a) Conservar varios subsistemas de protección social (públicos, privados y mixtos), con financiamiento acorde a la capacidad contributiva de los afiliados y prestaciones igualmente proporcionados;

b) Creación de un sistema mixto, integrado por un subsistema universal de prestaciones básicas, fundado en el principio de solidaridad; y, un subsistema de prestaciones públicas o privadas, fundado en la idea de la justicia conmutativa;

c) Privatización de la Seguridad Social, creación de subsistemas de prestaciones privadas, basados en la conmutación y el individualismo.

Esta última modalidad se constituyó en una referencia importante en el proceso de reestructuración de la Seguridad Social en la región. Países como Chile, Argentina, México, Perú y Colombia, la adoptaron, con algunas variantes, para gerenciar importantes prestaciones de la Seguridad Social, tal es el caso de las jubilaciones, pensiones de vejez y por invalidez o discapacidad permanente. Sin embargo, es necesario destacar que en la mayoría de los países, Venezuela, entre ellos, al igual que en Europa, el movimiento organizado de los trabajadores opuso y ha opuesto resistencia a tales propósitos gubernamentales y patronales, lo que ha determinado la aparición de procesos de contrareforma para aminorar el impacto del individualismo protector.

La América Latina de la primera década del siglo XXI es, relativamente diferente. Muchos de los elementos que le caracterizaron, en términos generales, en los años 80, han sido revertidos, en especial, el distanciamiento del Estado. Hoy, buena parte de los países latinoamericanos son estatistas totales y la Seguridad Social es de absoluta garantía por parte del Estado, aún cuando tal situación no ha significado mejoras sustantivas de la Seguridad Social.

Los avances científico-técnicos, las nuevas realidades políticas y los desequilibrios económicos y sociales que afectan el mundo de nuestros días, obligan a introducir reorientaciones en la dinámica y comportamiento de la vida nacional e internacional. Tanto los pueblos atrasados como los desarrollados, en mayor o menor medida, han resultado afectados por el peso de los cambios y transformaciones presentes. La Seguridad Social es un campo en extremo sensible a las transformaciones políticas, económicas y sociales. Ella, en tanto política social pública y privada, se comporta como una caja de resonancia que registra y da cuenta de la gravedad de los sonidos de la dinámica poblacional, del empleo, el crecimiento económico, la productividad y competitividad, la inflación, la pérdida del valor de la moneda, de los procesos de integración, en fin, de los conflictos y realidades del mundo.

La tendencia a crear una economía interdependiente y mercados internacionales abiertos, competitivos, sometidos con exclusividad a sus propias reglas, por lo tanto, ajenos a esquemas reguladores, sobre todo de origen externo al mercado, ha dejado su impronta en los sistemas de protección social creados después de la primera guerra mundial. En la actualidad, tales sistemas comienzan a ser revisados. El denominador común que inspira tales revisiones, es el relativo al desbalance entre gastos e ingresos como consecuencia, entre otros factores, a los que hemos hecho referencia, tales como el incremento en las cargas sociales y una disminución de los recursos como resultado de los procesos de reconversión industrial, desempleo, inflación, envejecimiento de la población, generosidad de algunas prestaciones disfrutadas por grupos especiales de población, excesivos gastos de administración por parte de los órganos gestores y multiplicidad de instituciones con programas sociales.

El Director General de la Oficina Internacional del Trabajo, en Memoria presentada a la Decimotercera Conferencia de los Estados de América Miembros de la Organización Internacional del Trabajo, celebrada en Caraballeda-Venezuela, en septiembre-octubre de 1992, refiriéndose a la "reestructuración económica y el mercado de trabajo", dijo lo siguiente:

> *"Las transformaciones económicas que afectan a la economía internacional han introducido nuevos factores que inciden sobre el orden prevaleciente. En*

> *particular, el ámbito económico ha adquirido un alto grado de prioridad y se ha producido una redefinición de la política económica al reconocerse, por un lado, la necesidad de integrarse a la economía mundial como mecanismo para asegurar el crecimiento lo que llevó al auge de las políticas de apertura y, por otro, el mayor papel que debe desempeñar el mercado en la asignación de los recursos (...) El cambio en lo económico tuvo lugar de manera concomitante con la introducción de un nuevo sistema de producción y de reglamentación. La producción se lleva a cabo de manera cada vez más individualizada, y el consumo de modo más diferenciado. La tecnología provocó a su vez cambios importantes en el proceso de trabajo. Hay una polarización por calificaciones y responsabilidades, y aumenta el empleo transitorio bajo modalidades cambiantes de contratación y formas diversas de remuneración. Junto con ello se redujo la cohesión interna de los trabajadores y se debilitó la figura del "obrero colectivo", lo cual dificulta más la negociación colectiva de los salarios y las condiciones de trabajo. Paralelamente, en los países desarrollados se emprendió un proceso de flexibilización del mercado de trabajo, mediante la eliminación o la modificación de las reglamentaciones con objeto de facilitar la adaptación al nuevo modelo de funcionamiento económico y evitar rigideces que resten dinamismo y competitividad".[32]*

Con absoluta claridad, quien ejerciera el cargo de Director General de la OIT, en 1992, sintetiza lo esencial del proceso que algunos gustan calificar como "ajuste" macroeconómico y otros de "política" o "modelo" neoliberal. Pero, estas palabras del Director General de la OIT, a pesar de su vieja data, mantienen plena vigencia. Cualquiera sea el calificativo, lo concreto es, que, en los años 80, estuvimos frente a un cambio liderizado por lo económico, por el mercado, la iniciativa particular y el individualismo. Dicho cambio subordinó la política social a la política económica y condenó al olvido la intervención estatal; la prioridad del bien público sobre el privado; la conducta solidaria del hombre en sociedad; las formas tradicionales o típicas de relación laboral; y, junto con ellas, el movimiento organizado de los trabajadores, sus luchas por justas reivindicaciones y la contratación

---

32 Oficina Internacional del Trabajo. Memoria del Director General. Decima Tercera Conferencia de los Estados de América Miembros de la Organización Internacional del Trabajo. Caracas, Septiembre-Octubre de 1992. Págs. 52-53.

o convención colectiva de trabajo, como mecanismo favorecedor del equilibrio entre las partes que intervienen en la relación laboral.

Estas transformaciones que la mayoría de la población, particularmente, los trabajadores, no entienden ni comprenden en su verdadera y profunda significación, por cuanto, en ocasiones las auspician y estimulan, inciden negativamente en el establecimiento y conversión de regímenes de Seguridad Social fundados en la solidaridad y orientados hacia la universalización. El mismo Director General de la OIT, en correspondencia con lo anteriormente citado, diagnóstica, en su momento, al igual que Carmelo Mesa-Lago, la Seguridad Social en América Latina y el Caribe y, sugiere, las medidas y soluciones que deben adoptarse con urgencia. En tal sentido, aborda lo relacionado con los aspectos económicos y financieros, aportes y contribuciones, inversión de los fondos, las prestaciones, la dinámica demográfica y la administración de los programas. En cuanto a las "perspectivas y posibles orientaciones de la Seguridad Social en el marco de la reconversión económica", luego de indicar los objetivos de la Seguridad Social, trata lo relativo a la extensión de la cobertura, extensión a la población de las zonas rurales y cobertura de los trabajadores del sector no estructurado e independiente.

Entre los posibles cambios y adaptaciones que debe aplicar la Seguridad Social en la región, cita los siguientes:

> a. *"Actitud de los afiliados: descentralización y participación".*
>
> *"En este proceso de cambio y reestructuración indispensable de la seguridad social, el acceso a las prestaciones se podría mejorar con el recurso a métodos de descentralización orientados a obtener una participación efectiva de los interesados".*
>
> b. *"Modalidades de la administración: función del Estado".*
>
> *"Sin dejar de reconocer que el Estado tendrá que mantener su intervención en tanto lo requieran los aspectos sociales de la cuestión, convendría que en las políticas de reconversión económica las funciones quedasen asignadas de tal modo que se deje el mayor espacio posible al despliegue de actividades por parte de los propios interesados, de organismos intermedios o privados (con carácter lucrativo o sin él) o de gobiernos regionales o locales".*
>
> c. *"Régimen de capitalización individual como posible método de financiación".*

> *"La posibilidad de modificar los regímenes de pensiones generales con base en la capitalización individual merece ser analizada desde diferentes puntos de vista (...) la capitalización individual es indispensable para financiar regímenes complementarios, sean voluntarios u obligatorios, que cubran a una parte de la población (...)".*
>
> d. *"Regímenes complementarios podrían dejarse a cargo de entidades privadas, con fines lucrativos o sin ellos, o de organismos intermedios creados por los propios interesados, sin fines de lucro (...)".[33]*

Los señalamientos del Director de la OIT, en su época, y, aun en nuestros días, constituyen el primer punto de la agenda del debate de la Seguridad Social en la región. Si tomamos como ejemplo, a Venezuela, no es de extrañar, entonces, que en los años 80 y 90, lo relacionado con la materia laboral y la Seguridad Social; junto con la reforma del Estado, la privatización y la reconversión industrial, hayan ocupado buena parte del discurso económico y político. En el caso venezolano, este discurso es retomado bajo signos gubernamentales, políticos e ideológicos diferentes; pero, según se evidencia, salvo algunas cuestiones que veremos en su oportunidad, un Sistema de Seguridad Social como el que se establece en el artículo 86 de la Constitución y desarrolla en la Ley Orgánica del Sistema de Seguridad Social es tarea pendiente.

Esta situación impone y exige a la clase trabajadora un despertar y un cambio en las formas tradicionales de lucha y en el contenido de las reivindicaciones laborales. Si la tendencia es, por ejemplo, a intensificar los regímenes complementarios de las formas típicas o tradicionales de la Seguridad Social, la contratación o convención colectiva debe convertirse en el instrumento fundamental. Ella debe constituirse en el mejor medio para lograr la Seguridad Social de los trabajadores y defender, por la vía de los derechos adquiridos, los programas y prestaciones conquistados hasta el presente. Igual situación ocurre con las propuestas de una mayor participación de los afiliados y con los cambios en los regímenes de financiación, tal es el caso de la capitalización individual como método para financiar las prestaciones de la Seguridad Social.

---

33 Oficina Internacional del Trabajo. Ob. Cit. 1992. Págs. 72-111.

Capítulo III
La reforma de los sistemas de Seguridad Social

1. La orientación de la reforma en los sistemas de Seguridad Social.

La Seguridad Social, como lo hemos visto, ha sido llevada al "banquillo de los acusados". Su juicio tiene como acusadores un sector empleador privado que en aras de alcanzar la eficiencia para asegurar su competitividad y, por supuesto, su espacio en el mercado, busca liquidar todo aquello que según sus cálculos significa costo de la fuerza de trabajo, entre otros elementos, la Seguridad Social de los trabajadores. Y, un Estado arrinconado, sometido y subordinado al chantaje del no intervencionismo, de la liberación de las fuerzas del mercado y de la libre voluntad del ser humano, que le hace el juego a las fuerzas de la dominación para arremeter contra los fines que, teórica y formalmente, le son esenciales: el bien común y la justicia social.

Imposible dudar de la serie de fallas, deficiencias y problemas que presenta la Seguridad Social; pero ellas, como hechos reales, han servido de cemento para apuntalar posiciones ideo-políticas revisionistas de los fundamentos filosóficos, doctrinarios y prácticos de las formas e instrumentos de protección social. En el marco del debate sobre el nuevo rumbo que debe adoptar la Seguridad Social, como hemos visto anteriormente, es posible distinguir tres posiciones.

La primera, se inscribe en un pensamiento profundamente solidario, colectivo que, sin negar las deficiencias de las formas tradicionales asumidas por la Seguridad Social, estiman necesario, antes que propiciar su desaparición, auspiciar su fortalecimientos y modernización, incorporando reformas que permitan superar los problemas existentes, en especial, los financieros; pero, sin desmantelar las bases de la solidaridad social. El fundamento de esta posición lo encontramos en diversidad de documentos, pero el que mejor lo expresa, por su contenido formal y universalismo, es la Declaración Universal de los

Derechos Humanos, en su artículo 22, a saber:

> *"Toda persona, como miembro de la sociedad, tiene derecho a la seguridad social, y a obtener mediante el esfuerzo nacional y la cooperación internacional, habida cuenta de la organización y los recursos de cada Estado, la satisfacción de los derechos económicos, sociales y culturales, indispensables a su dignidad y el libre desarrollo de su personalidad".* [34]

Lo expuesto en la Declaración de Derechos Humanos es la consagración y reconocimiento universal de uno de los más importantes y significativos derechos sociales del ser humano en la contemporaneidad. Esta Declaración ha sido el norte para configurar lo que bien pudiera denominarse Derecho Internacional de la Seguridad Social y el Derecho Interno de la Seguridad Social, es decir, el Derecho propio, de cada país o sociedad en particular, en cuya configuración ha jugado un papel de gran importancia, la Organización Internacional del Trabajo (OIT) desde el mismo momento de su creación en 1919, mediante la serie de Convenios y Recomendaciones aprobadas por la Conferencia Internacional del Trabajo, en sus distintas reuniones anuales; así, como la Asociación Internacional de la Seguridad Social (AISS) el Centro Interamericano de Estudios de la Seguridad Social (CIESS) y otros organismos internacionales.

La segunda posición, totalmente opuesta a la primera, se inscribe en las corrientes de pensamiento que propugnan el liberalismo y el fortalecimiento de la libertad individual. Para esta corriente, la Seguridad Social es una amenaza para el mercado, la acumulación y la libre expresión de la voluntad individual. El tutelaje protectivo del Estado debe cesar y el gasto social, a su juicio improductivo, debe canalizarse hacia la inversión productiva; por consiguiente, el Estado está en la obligación de minimizar el gasto público y jerarquizar la responsabilidad del individuo frente a sus propios problemas de desenvolvimiento social y focalizar la atención social en los grupos de población más necesitados. Para el liberalismo o neoliberalismo, la Seguridad Social, en su versión solidaria y universal, debe desaparecer para dar paso a nuevas formas de protección fundadas en la capacidad económica de los individuos.

Múltiples pensadores han abrazado esta posición. La siguiente cita sintetiza lo fundamental de este pensamiento.

---

34 Declaración Universal de Derechos Humanos. Adoptada por la Asamblea General de las Naciones Unidas

> *"Los sistemas existentes –se refiere a los sistemas de seguridad social– surgieron entonces sobre la base de tres grandes principios que se consideraron hasta hace poco incontrovertibles: ellos son los de solidaridad, redistribución y universalidad. Como nuestro análisis parte de premisas diferentes, es decir, de una perspectiva donde se ponen de relieve la importancia de la libertad individual y la escogencia personal, no estará demás que nos detengamos a examinar las ideas que se sintetizan en esas tres imprecisas palabras".*

> *"Si asumimos, en cambio, que cada persona tiene el derecho irrenunciable a decidir por sí misma, estaremos en mejores condiciones para construir un orden social más libre, donde cada uno puede trabajar para procurar su propio bienestar, pero donde también tiene la responsabilidad plena por las decisiones que toma y las acciones que realiza".* [35]

En la anterior cita observamos que el "derecho a la Seguridad Social, mediante el esfuerzo nacional y la cooperación internacional" que proclama la Declaración de Derechos Humanos se transmuta en el "derecho irrenunciable de la persona a decidir por sí misma", incluso, a no ser protegida, cuidada o atendida, por ejemplo, ante una enfermedad que pone en serio peligro la salud pública.

La tercera posición, es intermedia o ecléctica. No toma partido por la solidaridad ni por el individualismo. Al contrario, aboga a favor de un no antagonismo entre esa polaridad, auspiciando un espacio entre polos extremos.

El propósito es propiciar una mayor y mejor Seguridad Social mediante el fortalecimiento de los regímenes tradicionales y la creación de nuevas modalidades de protección social.

Exponente de esta corriente de pensamiento es, quien, para el año 1993, se desempeñara cómo Director General de la Organización Internacional del Trabajo. Dicho Director, al analizar la situación de la Seguridad Social, en su momento, señalara, que:

Los objetivos de la seguridad social en períodos de reconversión de la economía son, al parecer, los siguientes:

> *"iii) Adaptar su funcionamiento para contribuir a la flexibilización del mercado de trabajo sin reducir el nivel de la protección social basada en la solidaridad nacional".* [36]

---

35 Carlos Sabino y Jesús E. Rodríguez Armas. La Seguridad Social en Venezuela. Editorial CEDICE y PANAPO. Caracas, 1991. Págs. 26-32.

36 Director General de la OIT. Memoria. Ob. Cit. 1992. Pág. 99.

Tarea difícil la que propugnaba el Director de la OIT, por cuanto la adaptación a la realidad del mercado significa renuncia de derechos sociales.

En el punto siguiente, reseñaremos algunos de los cambios introducidos en los sistemas de Seguridad Social en algunos países latinoamericanos. A partir de los años 80, en América Latina, con Chile a la cabeza, liderizando el proceso, se inicia el período de reformas en los Sistemas de Seguridad Social. Este proceso reformista ha sido accidentado en algunos países, Venezuela, entre otros. Por momentos se ha paralizado o semi-paralizado debido al establecimiento de un modelo político de corte diferente, en la primera década del siglo XXI. El lector podrá concluir cuál de las tesis o posiciones comentadas tiende a imponerse.

2. Aspectos más resaltantes de las reformas de la Seguridad Social

En América Latina, más que en otros lugares del mundo, encontraron eco las tesis que propugnaban un cambio en los sistemas y regímenes de Seguridad Social. Estos cambios integraban e integran el conjunto de medidas de ajuste macroeconómico impuesto por los organismos financieros multilaterales para crear economías de mercado abiertas e integradas a la dinámica y pautas que establece la estrategia de la globalización económica mundial.

En los países europeos industrializados, en los cuales encontramos Sistemas de Seguridad Social muy sólidos, al menos hasta la crisis económica, financiera y laboral de comienzos del siglo XXI, aún cuando existen razones objetivas que presionan sobre su reforma, tal es el caso del envejecimiento de la población, altas tasas de desempleo y una desequilibrada relación activos-pasivos, las propuestas de reforma, en el pasado inmediato, es decir, antes del triunfo de gobiernos influenciados por el pensamiento neoliberal, se orientaron por la modernización de los Sistemas de Seguridad Social, tal es el caso de España durante el gobierno del Partido Socialista Obrero Español (PSOE), muy distinta a la situación española de la actualidad.

En este país, la reforma de la Seguridad Social perseguía construir "un modelo de Seguridad Social viable, integrador y progresista", como se advierte en el texto que reproducimos a continuación:

> *"Los objetivos del PSOE en materia de protección social para la legislatura que ahora ha finalizado era garantizar el nivel alcanzado en los cuatro años anteriores y ampliar la oferta de*

servicios sociales, para dar respuesta a las demandas de los mayores y de las personas que presentan dificultades de inserción o estuvieran en situación de necesidad (...) Durante estos dos años y medio de legislatura la Secretaría General para la Seguridad Social ha seguido trabajando para avanzar en los cuatro ejes fundamentales sobre los que se ha construido el nuevo modelo de Seguridad Social desde 1982. En primer lugar, la consolidación de los niveles de protección alcanzados en épocas anteriores. En segundo término, la reforma de la estructura financiera y el perfeccionamiento de los distintos ámbitos protectores de la esfera contributiva del sistema. Un tercer punto lo ha constituido la extensión de la protección, ampliando el campo de acción de su ámbito contributivo, universalizando el acceso a la asistencia sanitaria, los servicios sociales, las pensiones de jubilación e invalidez y las prestaciones de protección a la familia. El cuarto y último de estos ejes ha sido la mejora de la actividad gestora, objetivo que se contiene en el Plan Integral de modernización de la Gestión de la Seguridad Social, que sienta las bases para sustentar un aparato gestor eficaz capaz de prestar una adecuada Gestión al ciudadano, además de hacerla más transparente y eficiente y con mayor rigor en la lucha contra el fraude".[37]

En los actuales momentos, las reformas del tipo anunciada sufren estancamiento para ceder lugar a las que propugna el neoliberalismo. Pero, el arraigo que tiene la Seguridad Social en la población europea ha determinado que ésta oponga severos obstáculos a los programas reformistas que constituyen amenazas a las conquistas sociales alcanzadas. En Europa, cuando la modernización de los sistemas de protección se acompaña de desmejoras, tropieza con la muralla de un colectivo dispuesto a luchar por defender lo que estima más valioso de su sistema socio-económico: La Seguridad Social. Demostraciones contundentes de esta disposición son los recientes conflictos huelgarios y las manifestaciones públicas protagonizados por millones de trabajadores alemanes, franceses, italianos, españoles, griegos, motivados por los intentos de modificación o eliminación de los regímenes previsionales, a requerimiento del pensamiento económico neoliberal, los cuales fueron construidos durante décadas de dura lucha social.

Es más, mientras en Latinoamérica causaron furor los fondos pensionales fundados en la capitalización individual, en Europa se habla de

---

37 Revista MAR. Un Modelo de Seguridad Social Viable, Integrador y Progresista. N° 336. Febrero, 1996. Madrid-España. Pág. 19.

"El Engaño de los Planes de Pensiones y otros Sofismas"[38], para referirse a los ataques que recibe el Estado, la Hacienda Pública, por parte del pensamiento antifiscalista del neoliberalismo económico, como resultado de la vigencia de programas previsionales públicos; de ¿Trabajadores o Mercancías?[39], para reclamar por el deterioro de los mercados laborales y precarización del salario y del empleo; y, de "coartada perfecta"[40], para referirse al hegemonismo e ideologización de la estrategia neoliberal de la globalización y de la "unión de intereses" entre trabajadores y empleadores. Sin embargo, es menester señalar que, a pesar de las fuerzas opositoras, las reformas sociales, por la fuerza de las circunstancias, se van imponiendo, como se evidencia en el resumen que se incorpora de la reforma pensional en Francia, España, Italia, Portugal y Grecia, hecha en la primera década del siglo XXI.

En Francia, la reforma pensional ha contado con una férrea resistencia sindical; pero, el triunfo gubernamental es innegable, aún, cuando en el año 2012, se dio marcha atrás en algunos aspectos.

La edad cronológica para el retiro o jubilación se incrementa de manera progresiva en 2 años, pasa de 60 a 62 años; pero, si la persona aspira a una pensión completa, la edad cronológica pasa de 65 a 67 años. El período de cotización se eleva de 40,5 años a 41,5 años y el porcentaje de cotización de los funcionarios públicos pasa de 7.85% a 10.55%, equiparándose al porcentaje que cotiza los asalariados del sector privado. Se establece un régimen de excepción para las personas discapacitadas y las personas que empezaron a laborar antes de los 17 años de edad[41].

En España, el sector gubernamental se ha venido imponiendo, a pesar de la resistencia social ("movimiento de los indignados").

La edad cronológica se incrementa, igualmente, de manera progresiva, para tener derecho a la jubilación. Cambia de 65 a 67 años, manteniéndose en 65 años para quienes se desempeñen en actividades laborales consideradas más penosas. La base de cálculo cambia de 15 años de salario a 25 años. Para cobrar pensión completa se requiere cotizar durante 37 años, antes 35 años. Con 15 años de cotización se obtiene sólo el 50% de la prestación. La jubilación anticipada es posible a los 63 años, antes a los 61 años, siempre que se acredite un mínimo de 33 años de cotización.

---

38 Cf. Juan Francisco Martín Seco. "El engaño de los planes de pensiones y otros sofismas". Revista: El Viejo Topo. Enero 1996. N° 92. España. Págs. 26 a la 32.

39 Cf. Jesús Albarracín. "¿Trabajadores o Mercancías?". Revista: El Viejo Topo. Ob. Cit. Págs. 33-36.

40 Cf. Pedro Montes. "Coartada Perfecta". Revista: El Viejo Topo. Ob. Cit. Págs. 37-39.

41 http:// comercio. Pe/tag/190741/reforma-en-sistema-de-jubilación.

La jubilación posible a los 65 años, con pensión completa, requiere 38 ½ años de cotización, antes 35 años.[42]

En Italia, se adopta un Sistema por puntos que combina edad cronológica y período de cotización. Se incrementa la edad mínima, progresivamente, de 57 a 58 años. Para lograr un puntaje de 97 en el año 2013, base de cálculo para el monto de la pensión, se requiere acumular como mínimo 61 años de edad y 35 años de cotización.[43]

En los países europeos que, dentro de la eurozona, se consideran más débiles, tal es el caso de Grecia; la reforma pensional ha sido más drástica.

En Grecia, por ejemplo, la reforma es brutal. La edad cronológica para la jubilación se eleva a 65 años para ambos sexos. Para obtener pensión completa se requiere 40 años de cotización.

La cuantía de la pensión disminuye de 80% a 65% del sueldo; y, la base para determinar el monto de la pensión se calcula sobre el promedio del salario percibido durante toda la historia laboral.[44]

Europa, tardíamente, aplica la receta de reforma pensional recomendada, entre otros organismos internacionales, por el Banco Mundial, a saber:

a) Incrementar la edad cronológica para el retiro laboral.

b) Incrementar los años de servicio laboral.

c) Incrementar el número y monto de las cotizaciones.

d) Disminuir el monto o quántum del beneficio pensional.

América Latina, en cambio, posiblemente, por la ausencia de una bien desarrollada cultura de la Seguridad Social, resultó presa fácil para la introducción de reformas que cambiaron radicalmente la concepción de la Seguridad Social. En algunos países, esta dejó de ser un "servicio", para transformarse en un "negocio"[45].

A partir de 1980, comienzan las experiencias reformistas latinoamericanas en el campo de la Seguridad Social. Por razones básicamente ideo-políticas y financieras y en menor medida por causas objetivas de mal funcionamiento de los programas de Seguridad Social, se genera en nuestros países una conducta proclive a desmontar las

---

42 http://www.finanzas.com/reforma-de-las-pensiones-en-2011.

43 http://www.empleo.gob.es/es/mundo/revista/revista115/23.paf.

44 htt://www.elpais.com/articulo/internacional/grecia/reforma/model…

45 Cf. Leonardo Cañón Ortegón. Seguridad Social. ¿Un Negocio y un Servicio?. Instituto de Estudios Sociales Juan Pablo II. Bogotá-Colombia.

formas tradicionales constitutivas de la Seguridad Social en latinoamérica. El énfasis es colocado en los regímenes pensionales y en menor escala en los regímenes de salud.

Chile, es el primer país de América Latina en producir cambios importantes en su sistema público segurista. Con la promulgación del Decreto–Ley N° 3500, de fecha 11-04-1980, se crea un nuevo sistema de prestaciones de vejez, invalidez y sobrevivientes, el cual deroga el tradicional régimen pensional de los Seguros Sociales y otros de similar naturaleza.

El nuevo régimen pensional chileno entra en actividad en el año 1981 y, para esa fecha, se caracterizó, entre otros aspectos, por lo siguiente:

a) Es sustitutivo a largo plazo del régimen pensional público.

b) La afiliación es obligatoria.

c) El financiamiento corre a cargo exclusivo del trabajador, con aportes iguales al 10% del monto de lo pagado como remuneración al trabajo, más un 3% para costear los seguros (invalidez y sobrevivientes) y la Comisión de la Administradora de Fondos de Retiro (AFR).

d) La administración de los fondos depositados por los trabajadores está a cargo de un ente especializado conocido con el nombre de Administradoras de Fondos de Retiro, fiscalizadas y reguladas por el Estado a través de una Superintendencia especial.

e) El Régimen de financiamiento es el de cuentas de capitalización individual. El monto depositado en la cuenta, administrado por la AFR seleccionada libremente por el trabajador, determina la cuantía de la pensión, la cual podrá ser solicitada al cumplir los requisitos para el retiro (65 años de edad en el hombre y 60 años de edad en la mujer) a seleccionar entre una renta vitalicia o una renta programada.

f) A los efectos de subsanar las insuficiencias de los depósitos hechos por el trabajador para tener derecho a una pensión mínima vital, el Estado asume la responsabilidad por tal concepto.

g) El Estado, igualmente, estableció la figura del "Bono de Reconocimiento", como mecanismo para transferir al nuevo régimen pensional privado los aportes hechos por el trabajador en el anterior régimen.

El nuevo régimen pensional chileno, instaurado bajo el gobierno dictatorial del general Augusto Pinochet, se ha constituido en el modelo o paradigma de la reforma previsional y, específicamente, pensional, en América Latina, con pretensiones de extenderse, como hemos visto, al viejo continente. Pero, el régimen pensional chileno ante sus imperfecciones y la falta de solidaridad, propició, bajo el gobierno de Michelle Bachelet, una reforma para incorporar un elemento solidario y permitir, así, que las personas de bajos ingresos opten por un "pensión mínima vital".

> *"La nueva Ley 20.255 introduce perfeccionamientos a los tres pilares que conforman un sistema de pensiones –Pilar Solidario, Pilar Obligatorio y Pilar Voluntario-, con el fin de lograr un sistema integrado y coordinado que asegure la protección social a cada uno de los ciudadanos del país. Se trata de una reforma estructural, financieramente sustentable y que supone una profunda modernización institucional, la cual creó un nuevo sistema de pensiones donde el Estado garantiza derechos en cobertura y beneficios, estableciendo derechos universales y mínimos sociales para las personas que desarrollen su vida laboral en Chile".*[46]

Los restantes países que produjeron durante las décadas de los años 80-90, reformas en los Sistemas de Seguridad Social, con ligeras variantes, siguieron el modelo original chileno.

Perú, bajo el gobierno de orientación neoliberal del ingeniero Alberto Fujimori, inició su reforma pensional en el año 1993. Mediante Decreto–Ley N° 25897, del 27-11-1992, se crea el Sistema Privado de Fondos de Pensiones (SPP) a través de las Administradoras de Fondos de Pensiones (AFP).

La reforma pensional peruana se caracterizó por lo siguiente:

a) Vigencia a partir del mes de junio 1993.

b) Régimen privado alternativo al régimen pensional público administrado por el Instituto Peruano de los Seguros Sociales. El régimen pensional privado es administrado por las Administradoras de Fondos de Pensiones (AFP), mediante la creación de cuentas de capitalización individual, las cuales tienen como fuente el aporte del 13% aproximadamente del salario del trabajador que decida voluntariamente afiliarse a una AFP, para cubrir la pensión de jubilación, seguro de invalidez y sobrevivencia y la comisión a la AFP.

c) Se establece el "Bono de Reconocimiento", para el trabajador que cambie de régimen; no existe pensión mínima vital y se unifica la edad para la jubilación de hombres y mujeres a 65 años.

---

46 http://www.safp.cl/573/propertyvalue-1689-html.

Como se observa, con excepción del carácter alternativo, el nuevo régimen pensional peruano es casi idéntico al modelo chileno.

Perú, al igual que Chile, Colombia y Argentina, han incorporado en los regímenes pensionales y de salud reformados, cambios importantes que reivindican la esencia solidaria de la Seguridad Social.

En Colombia, durante el mandato presidencial de César Gaviria, entre 1993 y 1994, se desarrolla una profunda y general reforma del Sistema de Seguridad Social. Mediante la Ley N° 100, del 23-12-1993, se establece un Sistema de Seguridad Social Integral, el cual contempla, como razón principista, que:

> *"La Seguridad Social es un servicio público obligatorio, cuya dirección, coordinación y control está a cargo del Estado y que será prestado por las entidades públicas o privadas, de conformidad con la Ley".*[47]

La Ley 100, en 289 artículos, organizados en cinco libros (Sistema General de Pensiones, Sistema General de Seguridad Social en Salud, Sistema General de Riesgos Profesionales, Servicios Complementarios y Disposiciones Finales)[48] desarrolla extensamente el nuevo Sistema de Seguridad Social colombiano, el cual se caracteriza por:

Vigencia del Régimen Pensional a partir del mes de abril de 1994.

a) Régimen pensional privado alternativo al estatal. Se crean dos regímenes: prima media con prestación definida, régimen solidario administrado por el Instituto Colombiano de los Seguros Sociales; y, régimen de cuentas de capitalización individual con solidaridad, administrado por las Administradoras de Fondos de Pensiones (AFP), supervisadas por la Superintendencia Bancaria.

b) El financiamiento es compartido entre empleador (75%) y trabajador (25%) del monto del salario mensual, en un 13.5% del salario mensual, el cual cubre: pensión de jubilación, costo de seguros y comisión de la AFP.

c) Se establece una pensión mínima vital a cargo del Estado y la pensión mínima en ningún caso será inferior al salario mínimo legal.

d) En el régimen privado (AFP) no existe edad límite para el retiro, aún cuando el derecho para la pensión mínima nace a partir de los

---

47 Fuente: NATLEX. 1995. Base de Datos sobre Legislación laboral de la Organización Internacional del Trabajo.OIT. Ginebra. Suiza. 1995.

48 Cf. Oscar Peña Alzate. Sistema de Seguridad Social Integral. Ley 100 de 1993. Editora Señal. 2° Edición, 1994. Bogotá-Colombia.

57 años; el monto de la pensión depende de los aportes deposita-dos en la AFP. En el régimen público, se aumentan los requisitos para obtener el beneficio. (El número de cotizaciones se eleva a 1.000 semanas cotizadas y la edad se incrementa hasta ubicarse en el año 2014, en 62 años para el hombre y 57 para la mujer.

e) Se establece el "Bono de Reconocimiento" para los afiliados al viejo sistema pensional, con más de 150 cotizaciones, que de-seen cambiarse.

Colombia, como hemos visto, es el país, que introduce mayores inno-vaciones y procura diferenciarse del modelo chileno; pero, con resul-tados poco significativos en lo que respecta a la administración de los fondos pensionales privados. Desde 1993, el Sistema de Seguridad Social colombiano ha experimentado diversidad de cambios. Entre estos cambios tenemos los siguientes:

a) Eliminación de la mesada 14 para los nuevos pensionados que ganen hasta tres salarios mínimos mensuales, sólo hasta el 2011.

b) Fijación de un tope de 25 salarios para las pensiones que se pa-gan con recursos públicos (condicionado al número y momento de las cotizaciones.

c) Eliminación del régimen de transición a partir del 31 de julio del 2010 (en la Ley 100 de 1993 estaba desde el 2014). Sin embargo, están exceptuados quienes hayan cotizado 750 semanas o más.

d) Terminación de los regímenes especiales de jubilación con ex-cepción del aplicado a la Fuerza Pública y el Presidente de la República.

e) Limitación, a partir del 31 de julio del 2010, a pagar mesadas de más de 25 salarios mínimos con dineros públicos.

f) Prohibición a establecer pactos, convenciones colectivas de tra-bajo, laudos o actos jurídicos con beneficios diferentes a los esta-blecidos por ley.

g) Respeto a todos los derechos adquiridos en materia pensional

h) Continuación del régimen pensional para los maestros (Ley 812 del 2003 o Plan Nacional de Desarrollo) que hayan ingresado an-tes del 31 de julio del 2003. Quienes se vincularon después de esta fecha estarán sujetos a la Ley 100 de 1993.

i) Situación de los miembros de los cuerpos de custodia y vigilan-cia penitenciaria y carcelaria. A ellos se les seguirá considerando como profesión de alto riesgo, de acuerdo con lo estipulado en el artículo 140 de la Ley 100 de 1993 y el decreto 2090 de 2003 y se les mantendrán los beneficios.

j) A partir del 31 de julio de 2010 las edades de jubilación subirán dos años (las mujeres a 57 y los hombres a 62 años).[49]

Argentina, bajo el mandato del Presidente Carlos Menem, realiza su reforma pensional en el año 1993. Mediante Ley N° 24241, del 13-10-1993, se crea un "Sistema Integrado de Jubilaciones y Pensiones".

Entre las características principales del régimen argentino tenemos:

- ✓ Vigencia a partir del mes de mayo de 1994.

- ✓ Régimen complementario al estatal. El sistema en consecuencia, se integra por: 1) **"Un régimen previsional público, fundamentado en el otorgamiento de prestaciones por parte del Estado que se financiará a través de un sistema de reparto (régimen de reparto) y, 2) un régimen previsional basado en la capitalización individual (régimen de capitalización)"**[50]. El financiamiento del sistema privado está a cargo del trabajador, 11% del salario, pero el empleador paga el 16% del salario al sistema de reparto. El porcentaje pagado por el trabajador incluye el pago del coste de seguros y comisión de la Administradora de Fondos. La afiliación al régimen privado es libre al igual que la selección de la Administradora.

- ✓ La administración de los fondos en el régimen de capitalización, está a cargo de sociedades anónimas denominadas "Administradoras de Fondos de Jubilaciones y Pensiones (AFJP)", creadas tanto por el sector público como por el Banco de la Nación. La Ley regula en detalle su funcionamiento y crea, a su vez, un Consejo Nacional de Previsión Social, tripartito, como órgano rector del sistema.

- ✓ Se establece una "prestación compensatoria" (PC) y la Prestación Básica Universal (PBU), en algunas medidas equivalentes al "bono de reconocimiento" y a la "pensión mínima vital" de otros sistemas.

La reforma argentina es la de cambios menos impactantes, por cuanto concibe la participación de los regímenes pensionales privados como complementarios al régimen de carácter público. Durante el gobierno de Cristina Fernández, la privatización de la seguridad social de Argentina, fue revertida.

"La reciente reforma al sistema de pensiones anunciada por el gobierno argentino no debería provocar una masiva retira-

---

49 http://www.erfit.edu.ce/escuelas/administración/departamento/departamento.

50 Fuente: NATLEX. 1995. Ob. Cit.

---

*da de los afiliados a las administradoras de fondos de pensio-
nes –las AFJP– de vuelta hacia el sistema estatal (...) El 01 de
febrero (2011), el gobierno envió al Congreso el decreto que
permitirá a los 11 millones de afiliados a las AFJP cambiarse
al sistema estatal de reparto. Argentina implementó una reforma a su sistema de pensiones en 1994, que resultó en un
sistema mixto donde coexisten un pilar público y uno privado.
Junto con el pilar de seguridad social, las AFJP manejan el
sistema de capitalización individual de contribuciones definidas, cuando se concretó la reforma, los que optaron por una
AFJP no podían retornar al sistema de reparto. La reforma establece un plazo de 180 días para que los trabajadores retor-
nen al sistema antiguo, opción que se abrirá cada cinco años,
a la vez que asignará automáticamente al sistema de reparto
a todos aquellos trabajadores nuevos que no hayan escogido
una AFJP dentro de los tres primeros meses de integrarse al
mercado laboral".*[51]

México, uno de los países latinoamericanos que logró impulsar con
mayor fuerza el régimen de los Seguros Sociales, se incorporó a la
lista de reformadores de los regímenes pensionales en 1996. En el
año 1992, el Presidente de la República, Carlos Salinas, presentó un
proyecto de ley modificatorio de la Ley del Seguro Social, en el cual
se establecía un "sistema de ahorro para el retiro".[52]

El 25-04-96, fue promulgada la Ley que crea el nuevo régimen pensional, el cual entró en vigencia en enero de 1997. La nota más re-
saltante de la Ley mexicana es que el nuevo régimen pensional de
capitalización individual no presenta opciones, sustituye de inmediato
el régimen pensional previsto en la vieja Ley de Seguro Social.

En lo que respecta a la reforma mexicana, en su momento, se escu-
charon voces disidentes, inclusive, antes de su entrada en vigencia,
entre ellas la de Norahenid Amexcua Ornela, quién sostiene que:

*"La imposición triunfó por ahora sobre la justicia. El
DOF del 21 de diciembre de 1995 publicó la llamada
"nueva" Ley del Seguro Social.*

*Nueva no por mejor, sino porque abroga la anterior
Ley. Contra la opinión de la mayoría de la sociedad ci-*

---

51 http://www.bnamericas.com/news/seguros/nueva-reforma-de-pension.

52 Cf. José Robles. La Seguridad Social Mexicana en los Albores del Siglo XXI. Fondo de
   Cultura Económica. México. 1993.

> *vil informada y los especialistas, los fondos de pensio-*
> *nes se privatizan como negocio de las Afores (adminis-*
> *tradoras de fondos para el retiro) y las aseguradoras;*
> *los servicios médicos se transformarán en comercio*
> *con base en los convenios de subrogación que mantu-*
> *vieron sólo con suaves retoques".*[53]

Otro país que marchó a pasos agigantados en la reforma de la Seguridad Social fue Bolivia, cuya Ley incorporó el régimen de capitalización individual y su administración por parte de las Administradoras de Fondos de Pensiones. Igualmente, Ecuador y Uruguay, han consolidado su reforma. La República de Cuba, extrañamente, por su condición de República Socialista, en fecha reciente, 2009, ha hecho una reforma profunda de su Sistema de Seguridad Social.

✓ Ley de Seguridad Social (Ley N° 105/08 del 27 de diciembre. Gaceta Oficial de la República de Cuba, el 22 de enero de 2009, con entrada en vigor en esa misma fecha).

✓ Sistema de Seguridad Social integrado por dos componentes: un régimen de aseguramiento y un régimen asistencial y de servicios sociales.

✓ Un régimen general y seis regímenes especiales (Fuerzas Armadas Revolucionarias, Combatientes, Trabajadores por cuenta propia).

✓ Ámbito de aplicación universal, con indicación de 17 categorías de personas protegidas.

✓ Establece la contribución-cotización de los trabajadores.

✓ Incremento de la edad y tiempo de servicio para tener derecho a la pensión por vejez (60 años la mujer y 65 el hombre) y tiempo mínimo de 30 años de servicio.

✓ Contempla una pensión extraordinaria con menos requisitos...

✓ La cuantía de la pensión por vejez oscila entre un mínimo de 60% del salario de referencia y un máximo de 90% proporcional a la contribución y al mayor tiempo de servicio, después de los 30 años.

✓ El disfrute de pensión es compatible con el desempeño del trabajo asalariado y la acumulación de pensiones.[54]

En países como Venezuela, el proceso de reforma se dio de manera lenta y tortuosa. Venezuela, en las décadas de los años 80 y

---

53 Norahenid Amezcua Ornelas. "Nueva Ley del Seguro Social. Disposiciones Generales y Seguro de Retiro, Cesantía y Vejez". Revista Laboral. Año IV. 1996. Número 40. México.

54 http://www.empleo.gob.es/es/mundo/revista/revista129/80.paf.

90, siguió la tendencia reformista latinoamericana. En el momento, la reforma tropezó con la negativa de la fuerza laboral y la falta de credibilidad y legitimidad de las instituciones que se presentaban como actoras del proceso: sin embargo, es de hacer notar, que todo lo que se avanzó en Venezuela en las décadas citadas, conservó el camino trazado por el pensamiento neoliberal. Por ejemplo, en la Agenda Venezuela (1996), especie de plan operativo del gobierno nacional, se asume el compromiso de "reestructurar integralmente el Sistema de Seguridad Social". La citada "reestructuración" contemplaba:

a) Eliminar el régimen legal de prestaciones sociales.

b) Crear un sistema pensional fundado en cuentas o fondos de capitalización individual administrados por el sector privado (fondos de pensiones).

c) Transformar el I.V.S.S. en un organismo financiero y por lo tanto no oferente de servicios o prestaciones en forma directa".[55]

Consecuente con esta posición, el gobierno nacional, por intermedio del Ministerio del Trabajo, preparó y dio a conocer un ante proyecto de Ley sobre "Prestaciones de Antigüedad, Auxilio de Cesantía y Previsión social", mediante el cual se proponía la creación de fondos de pensiones, con carácter complementario, administrados por el sector privado".[56]

Venezuela, en el año 1997, procesa las decisiones adoptadas por la Comisión Tripartita (gobierno, empleadores privados y trabajadores), la cual fue designada para establecer los lineamientos de la reforma de la Seguridad Social y de las prestaciones sociales. Estos acuerdos serán el insumo básico para que el Parlamento Nacional legisle sobre la materia, lo que en efecto, sucedió. El Congreso de la República sancionó, en diciembre de 1997, la Ley Orgánica del Sistema de Seguridad Social Integral (LOSSSI), la cual, con algunas variantes, reproducía lo esencial de la reforma latinoamericana de la Seguridad Social.

A partir del año 1999, con la llegada al poder del Teniente Coronel Hugo Rafael Chávez Frías, la reforma de la Seguridad Social en Venezuela, de inspiración neoliberal, queda sin efecto. La vieja institucionalidad se mantiene, léase, Seguros Sociales, y, formalmente, se legisla y estatuye un nuevo Sistema de Seguridad Social (SSS) que

---

55 Absalón Méndez Cegarra. "La Seguridad Social en la Agenda Venezuela". Economía Hoy. 25/06/96. Pág. 8.

56 Absalón Méndez Cegarra. "Analisis Preliminar del Anteproyecto de Ley de Prestaciones de Antigüedad, Auxilio de Cesantía y Previsión Social". Economía Hoy. 03/07/96. Pág. 8.

espera por su realización plena. Es muy poco lo que se puede afirmar de la reforma de la Seguridad Social en Venezuela. Sobre este particular, hemos escrito varios ensayos por lo que remitimos al lector a revisar, entre otros documentos, el artículo: "La Seguridad Social en Venezuela: Una Política Pública inconclusa.[57]

En este artículo pasamos revista al proceso reformista venezolano, en el que distinguimos tres momentos, a saber: Primer momento, 1989-1993. Propuesta del Ministerio del Trabajo para la Reforma del Sistema de Seguridad Social. Reforma de 17 Programas e Instituciones pensados como constitutivos del Sistema de Seguridad Social. Esta reforma no tuvo ningún efecto práctico; pero, abrió el camino para la reforma laboral. Segundo momento, 1997-1998. Durante una década, en Venezuela se mantuvo un debate abierto sobre la reforma laboral (Régimen de Prestaciones Sociales) y la reforma de la Seguridad Social (eliminación del Sistema de los Seguros Sociales), el cual culmina con una reforma parcial de la Ley Orgánica del Trabajo (1997) y con la promulgación de la Ley Orgánica del Sistema de Seguridad Social Integral (LOSSSI, 1997), y, leyes de los distintos sub-sistemas, incluyendo, la Ley de eliminación del IVSS (1998), las cuales contenían los aspectos nodales de la reforma de la Seguridad Social de inspiración neoliberal. Tercer momento, 1999 – hasta el presente. Luego de un lapso prolongado de diferimiento de la entrada en vigencia de las leyes anteriores y de reforma parcial de algunas de ellas, se sanciona y promulga la Constitución de la República Bolivariana de Venezuela (1999) que, en su artículo 86, crea y traza los lineamientos de un nuevo Sistema de Seguridad Social, concebido como "servicio público", "derecho de toda persona", "garantizando por el Estado" y con carácter "universal", "integral", "solidario", "unitario", "eficiente", "participativo", de "contribuciones directas e indirectas".

Este Sistema de Seguridad Social es desarrollado en la Ley Orgánica del Sistema de Seguridad Social (LOSSS, 2002).

En el artículo en referencia, concluimos con lo siguiente:

> *"(...) En Venezuela lo que ha ocurrido o lo que se ha intentado hacer es una reforma legal en materia de seguridad social.*
>
> *Tenemos un marco jurídico con algunos elementos plenamente vigentes y otros diferidos, pero no hemos avanzado en su implementación. Por lo tanto, la reforma, la contrarreforma y lo que va del proceso constituyente, no pasa de ser un intento de crear un nuevo marco jurídico para la Seguridad Social, lo cual dista de su puesta en práctica".[58]*

---

57 Cf. Absalón Méndez Cegarra. La Seguridad Social en Venezuela: Una Política Pública Inconclusa. Políticas Públicas Siglo XXI: Caso Venezolano, Carlos Mascareño. Coordinador. Temas de Docencia. Centro de Estudios del Desarrollo (CENDES). Universidad Central de Venezuela, Caracas, Venezuela, 2003, Págs. 25-39.

58 Absalón Méndez Cegarra. Ob. Cit. 2003. Pág. 39.

Lo expuesto se mantiene inalterable una década después y, para no pecar de subjetividad, debemos señalar que, las mejoras en el campo de la protección social se han alcanzado con una profundización de la Asistencia Social (misiones sociales), con la modificación de la Ley del Seguro Social para permitir la afiliación de trabajadores por cuenta propia y, con la facilitación, mediante Decretos del Ejecutivo Nacional, para que personas (pescadores, campesinos, amas de casa, adultos mayores, personas discapacitadas) no afiliadas ni cotizantes al IVSS, obtengan de esta Institución la pensión por vejez, financiada por vía fiscal.

En síntesis, podemos afirmar que la reforma de la Seguridad Social en América Latina se inclinó por los derroteros indicados por el neoliberalismo sin apuntar a resolver los verdaderos problemas que confronta la población en cuanto a su Seguridad Social, entre ellos, el de la escasa cobertura poblacional. Las reformas en marcha enfatizan, en mayor o menor medida, en el aspecto pensional, es decir, en las prestaciones a largo plazo, en cuyos regímenes es posible el manejo de grandes sumas de dinero; en la transferencia al trabajador de la carga económica que significa el financiamiento de la Seguridad Social; en el incremento de los requisitos para tener derecho a las prestaciones; en la incorporación del sector privado a la administración de los fondos de Seguridad Social; y, en la responsabilidad del Estado por los casos no lucrativos del negocio (pensión mínima vital), con lo cual las concepciones universales, solidarias, unitarias e integralistas de la Seguridad Social tienden a debilitarse hasta desaparecer, salvo que los vientos de cambio que soplan en América Latina y los países caribeños, reviertan la tendencia, estableciendo Sistemas de Seguridad Social orientados por principios de universalidad, solidaridad, justicia y equidad social.

Capítulo IV
Los retos de la Seguridad Social

1. La lucha contra la pobreza y la extensión de la cobertura de la Seguridad Social.

La pobreza de grandes mayorías de población en el mundo entero es, sin duda, un indicador del tiempo actual. A este fenómeno no escapa ningún pueblo del planeta. En sociedades avanzadas por su altísimo desarrollo industrial, es posible, encontrar manchas importantes de población en situación de pobreza, como sucede, por ejemplo, en los Estados Unidos de Norteamérica, en donde se registra una cifra superior a los 40 millones de pobres, lo que se ha constituido en este país, en un obstáculo para garantizar atención médica a esta población, dado el carácter asegurativo de la protección social norteamericana.

El fenómeno de la pobreza, por su multicausalidad, no es fácil de solucionar. La desigualdad social existente ha creado brechas difíciles de superar. Los seres humanos, históricamente, como hemos visto en capítulos anteriores, han ideado formas de protección que faciliten amparo al necesitado; pero, como quiera que las causas de la pobreza son estructurales, los intentos de solución mediante políticas sociales sectoriales, parciales y remediativas, no resultan del todo suficientes, por lo que se impone un abordaje distinto, estructural, que vaya a la profundidad de las raíces que sostienen la pobreza.

En el pasado lejano, en el reciente y, aun, en nuestros días, la pobreza se ha procurado aliviar con medidas de corte remedial entre las que destaca la asistencia que se expresa a través de programas sociales asistenciales, los cuales no contienen en su esencia la intención de superar o eliminar la pobreza, a lo sumo, a lo que es posible aspirar, es a frenar su crecimiento y sus efectos nocivos para el pleno desarrollo de la persona humana, en atención a la dignidad que le es intrínseca; pero, nunca, su eliminación o desaparición. La eliminación o superación de la pobreza pasa por el equipamiento bio-constitucio-nal de la persona humana; igualdad de oportunidades de acceso a todo aquello que permite aprovechar el equipamiento bio-constitu-cional; oportunidad para obtener de manera permanente y duradera los medios de vida; y, para la realización personal como ser humano, tanto en su dimensión material como espiritual.

En los últimos tiempos, en muchos países, ha adquirido el asisten-cialismo social una gran importancia y significación como base de la política social pública y como vía idónea para extender la cobertura de la Seguridad Social y, en general, de la protección social.

El asistencialismo social es una práctica generalizada de los Estados sobre todo en los países donde los Sistemas de Seguridad Social se muestran sumamente débiles, con mínima cobertura poblacional. La Asistencia Social se considera un peldaño para avanzar hacia la construcción de Sistemas de Seguridad Social sólidos y permanen-tes, tal es la recomendación de múltiples organismos internacionales, como es el caso de la Organización Internacional del Trabajo y la Organización Mundial de la Salud, las cuales, al unísono, han apro-bado y dado a conocer lo que calificamos una orientación universal para redefinir la política social de las naciones del mundo, bajo el rótulo "piso de protección social" (Informe, 2012), mediante la cual se procura combinar armoniosamente la Asistencia Social, entendiendo por tal el desarrollo de programas sociales no contributivos, para una población objetivo, por lo general, personas con menguados recur-sos económicos, con los programas de Seguridad Social, de carácter contributivo, destinados a sectores de población con renta garantiza-da, aun, cuando la tendencia es a su universalización, es decir, a la atención de la población total, a los fines que la protección social no se convierta en una dádiva, en limosna, que se manipula sobre todo para legitimar acciones gubernamentales y conquistar una clientela electoral, fácil de explotar, como ocurre actualmente en ciertos paí-ses, Venezuela, entre otros.

Los programas asistencialistas no tienen por qué ser condenados a priori; pero, tampoco es el caso de exaltarlos y darles carácter de espectacularidad, menos aun, en un país como Venezuela, que ha contado con una inmensa riqueza social, lograda, casi, sin esfuerzo propio, razón suficiente para que se realice un proceso de distribución o redistribución de dicha riqueza. Sería inadmisible que en un país como Venezuela, en América del Sur, con tanta riqueza, el gobierno no hubiese puesto en marcha una política social similar a un sistema de riego por goteo. Lo que llega a las grandes masas de población son gotas, pequeñas gotas que humedecen un terreno histórico y es-tructuralmente seco y árido, cual es el de la pobreza. Programas sociales de este tipo, pero, mejor concebidos, bien articulados y con resultados medibles, los encontramos en países como Colombia, Chile y Brasil, por citar algunos, con denominaciones distintas. En Brasil, en el año 2011, se puso en marcha un nuevo plan contra la pobreza, bajo el rótulo "Brasil sin Miseria". Este plan brasilero está destinado a:

> *"(...) 16 millones de personas pobres, con el objeto de eliminar la pobreza extrema en los próximos cuatro años. Este nuevo programa se basará en éxitos pasados tales como la estabilidad macroeconómica y el programa Bolsa Familia que ayudó a sacar la pobreza a 25 millones de personas."*[59]

Ahora bien, resultados de este tipo no son frecuentes de encontrar en todos los países que asumen la Asistencia Social, como el aspecto central de la política social. El éxito en la reducción de la pobreza en países como Brasil, obedece a una adecuada articulación entre los programas sociales contributivos y los no contributivos, en un marco de crecimiento y expansión económica.

> *"(...) La Seguridad Social ha estado al centro del gobierno del Presidente Lula que asumió el poder en 2003.*
>
> *La Seguridad Social en Brasil está compuesta por tres sistemas-sanitario, asistencia social y pensiones – cada uno con su respectivo ministerio.*
>
> *El Sistema Sanitario es público, gratuito y de acceso universal. El sistema de asistencia social se ocupa de programas como Bolsa Familia y ofrece un ingreso básico para las personas más ancianas y las que tienen discapacidades.*
>
> *El sistema de pensiones está basado en el concepto de solidaridad, que supone que aquellos que están empleados en la actualidad sostienen a quienes ya alcanzaron la edad de la jubilación.*
>
> *Estos tres sistemas y las políticas que los acompañan han desempeñado un papel fundamental en la reducción de la pobreza y la redistribución de los ingresos en Brasil".*[60]

La extensión de la cobertura de la Seguridad Social es un imperativo del mundo actual. No resulta posible, en nuestros días, que un derecho humano y social fundamental, como es el derecho de toda persona a la Seguridad Social, se vulnere y transgreda impunemente sin que la comunidad mundial reaccionen.

---

59 http://www.guardian.co.uk/world/2011/jun/07/brasil-dilma-rouseff-poverty-eradication.

60 http://www.ilo.org/global/about-the-ilo/press-and-media-centre/insight/wcms-114108/1...

La prédica constante sobre la defensa de los Derechos Humanos, el valor de la persona humana y el respeto a su dignidad debe transcender el discurso y hacerse realidad objetiva, tangible.

Esta es la razón por la que algunos organismos internacionales, tal es el caso de la Organización Internacional del Trabajo, la Organización Mundial de la Salud y la Asociación Internacional de Seguridad Social y el Centro Interamericano de Estudios de la Seguridad Social, hayan sumado esfuerzos para proponer una reorientación de las políticas sociales de forma tal que se procure por la vía de la extensión de la cobertura de la Seguridad Social atacar el fenómeno de la pobreza o, viceversa. En el caso del CIESS, es importante destacar el gran esfuerzo académico y de investigación que viene desarrollando desde hace más de 50 años, en la formación y preparación de personal para un mejor desenvolvimiento de la Seguridad Social en los países del mundo.

La protección social y, especialmente, la lucha contra la pobreza, según hemos visto, ha pasado a encabezar la agenda política en América Latina:

> *"Muchos atribuyen la reelección de Luis Inácio Lula Da Silva en 2006 al éxito de su programa Bolsa Familia. No es sorprendente que los gobiernos emergentes de centroizquierda en América Latina presten cierta atención a la pobreza y la desigualdad dada sus bases de apoyo naturales y su ideología. En cambio, sí es inusual que gobiernos de centro derecha como el de Vicente Fox en México o el de Sebastián Piñera en Chile también hayan identificado la protección social como un área prioritaria y se hayan comprometido a ampliar los programas existentes de transferencias para combatir la pobreza (...) Lo que caracteriza el reciente interés por la protección social es la proliferación de programas de transferencias de ingresos a hogares en situación de pobreza. Mientras que las políticas de los 90 se centraron principalmente en reformas a la seguridad social, la década de 2000 ha estado dominada por la expansión de la asistencia social".* [61]

---

61 Armando, Barrientos. "Dilemas de las políticas sociales latinoamericanas. ¿Hacia una protección social fragmentada? En Revista Nueva Sociedad, N° 239, mayo-junio, 2012, págs. 65-66.

Ahora bien, especialistas sobre la materia, muy en la línea de lo que hemos expuesto sobre la dimensionalidad de la pobreza, advierten sobre los inconvenientes que los gobiernos centren su atención, sólo en el tema de las transferencias. Al respecto, Roberto Mangabeira, ex ministro del gobierno de Lula, en entrevista concedida al periodista Martín Aguirre, publicada en El País, Uruguay, reproducida por el Nacional, Venezuela, señala, que:

> *"La única forma de disminuir sustancialmente las desigualdades es democratizar las oportunidades económicas y educativas. Las políticas de transferencias son meramente complementarias. No hay ningún país en el mundo que haya conseguido ampliar la igualdad con base en programas de transferencias".* [62]

Por transferencias directas, puras y simples, entendemos la acción social gubernamental mediante la cual hace llegar a algunos grupos de población en situación de pobreza, recursos económicos, monetarios, o, bienes y servicios, que les permite mejoras el consumo, sin que tales asignaciones lleguen a alterar las raíces de la pobreza.

2. La Seguridad Social. Un nuevo consenso.

Las reformas de la Seguridad Social han sido motivo de fuertes controversias y de profundización de los antagonismos entre los actores del sistema productivo: Estado, empleadores y trabajadores.

Es evidente que las reformas de la Seguridad Social de inspiración neoliberal no resultaron exitosas, al menos, si se les evalúa desde la perspectiva de la ampliación de la cobertura de la Seguridad Social y el mejoramiento cuantitativo de las prestaciones, lo que ha generado un proceso de revisión de sus principales postulados.

La reforma de la Seguridad Social comprometió y compromete a múltiples sectores, en especial a los gobiernos, a los empleadores y a los trabajadores; pero, también, a los organismos internacionales que han hecho de la Seguridad Social un particular objeto de estudio, tal es el caso de la Organización Internacional del Trabajo (OIT).

La OIT, en el año 2002, dio a conocer un interesante documento bajo el título: "Seguridad Social: Un nuevo consenso", en el que la OIT pasa revista a la situación de la Seguridad Social en el mundo; revisa

---

62 El Nacional, Caracas, Venezuela, 24-03-2013. Mundo II. Entrevista de Martín Aguirre a Roberto Mangabeira. "Proyecto Suramericano es una Fantasía en la que Prosperan Ilusiones Retóricas".

su posición anterior proclive a algunos cambios en la Seguridad Social; y, llama la atención sobre la necesidad de fortalecer y consolidar la Seguridad Social mediante acuerdos consensuados con participación de los más amplios sectores de la sociedad.

Entre los puntos que destaca la OIT, en su documento, el cual constituyó tema central de la 89a reunión, 2001, de la Conferencia Internacional del Trabajo, se encuentran los siguientes:

✓ Seguridad Social y desarrollo económico.

✓ Ampliación de la cobertura de la Seguridad Social.

✓ Seguridad de los ingresos para los desempleos y empleo.

✓ Igualdad entre hombres y mujeres.

✓ Financiación de la Seguridad Social y envejecimiento demográfico.

✓ Diálogo social y actividades de la OIT.[63]

Las conclusiones relativas a la Seguridad Social a las que llegó la 89a reunión de la Conferencia Internacional del Trabajo, fueron las siguientes:

1. *"En 1944, la Conferencia reconoció "la obligación solemne de la Organización Internacional del Trabajo de fomentar, entre todas las naciones del mundo, programas que permitan (...) extender las medidas de Seguridad Social para garantizar ingresos básicos a quienes los necesiten y prestar asistencia médica completa" (...)*

2. *"La Seguridad Social es muy importante para el bienestar de los trabajadores, de sus familias y de toda la sociedad (...)"*

3. *"La Seguridad Social, administrada correctamente, aumenta la productividad al proporcionar asistencia médica, seguridad de ingresos y servicios sociales (...)".*

4. *"No existe un modelo idóneo único de Seguridad Social. Crece y evoluciona con el tiempo. Existen regímenes de asistencia social, regímenes universales, regímenes de seguro social y sistemas públicos o privados (...)".*

5. *"Hay que dar máxima prioridad a las políticas e iniciativas que aporten Seguridad Social a aquellas personas que no estén cubiertas por los sistemas vigentes (...)"*

---

63 Oficina Internacional del Trabajo. Seguridad Social: Un Nuevo Consenso. Ginebra, 2002. Págs. 1-132.

6. *"El reto fundamental que plantea la economía informal es cómo integrarla en la economía formal. Es una cuestión de equidad y de solidaridad social (...)".*

7. *"Para las personas en edad de trabajar, la mejor manera de proporcionarles unos ingresos seguros es a través del trabajo decente (...)".*

8. *"La Seguridad Social debería fomentar y basarse en los principios de la igualdad de género (...)".*

9. *"Dado el enorme aumento de la participación de las mujeres en la fuerza laboral y el cambiante papel de hombres y mujeres, los Sistemas de Seguridad Social originalmente basados en el modelo del varón como sostén de la familia corresponden cada vez menos a las necesidades de muchas sociedades (...)".*

10. *"En la mayoría de sociedades, las continuas desigualdades entre las remuneraciones de hombres y mujeres suelen afectar a los derechos de las mujeres a la Seguridad Social (...)".*

11. *"El envejecimiento de la población en muchas sociedades es un fenómeno que está repercutiendo significativamente tanto en los sistemas financiados por capitalización y los sistemas basados en el reparto como en el costo de la asistencia médica (...)".*

12. *"En muchos países en desarrollo, especialmente en el África subsahariana, la pandemia del VIH/SIDA está teniendo efectos devastadores en todos los aspectos de la sociedad. Su repercusión en la base financiera de los Sistemas de Seguridad Social es especialmente grave, ya que las víctimas se concentran en la población en edad de trabajar (...)".*

13. *"En los sistemas de pensiones con prestaciones definidas basadas en el reparto, el riesgo se asume colectivamente. En los sistemas de cuentas de ahorro individuales, en cambio, son las propias personas las que asumen el riesgo (...)".*

14. *"Con objeto de que sea sostenible, la viabilidad financiera de los sistemas de pensiones debe garantizarse a largo plazo. Por lo tanto, es necesario que se realicen proyecciones actuariales periódicas y se introduzcan los ajustes necesarios tan pronto como sea posible (...)".*

15. *"La Seguridad Social abarca la asistencia médica y las prestaciones familiares y proporciona seguridad de ingre-*

sos en caso de contingencias como la enfermedad, el desempleo, la vejez, la invalidez, los accidentes de trabajo y las enfermedades profesionales, la maternidad o la pérdida del sostén económico. No siempre es necesario, ni tampoco en muchos casos factible, disponer de la misma gama de prestaciones de la Seguridad Social para todas las categorías de personas (...)".

16. *"En el marco de los principios básicos establecidos más arriba, cada país debería determinar una estrategia nacional para trabajar por una Seguridad Social para todos (...)".*

17. *"Las actividades de la OIT en materia de Seguridad Social debería basarse en la Declaración de Filadelfia, el concepto de trabajo decente y las normas de la OIT sobre Seguridad Social pertinentes. La mayoría de los habitantes del planeta no dispone de Seguridad Social. Se trata de un reto importante que habrá que abordar en los años venideros (...)".*

18. *"Los principales ámbitos definidos para las investigaciones futuras en materia de Seguridad Social y las reuniones de expertos son:*
    - La extensión de la cobertura de la Seguridad Social;
    - El VIH/SIDA y su repercusión en la Seguridad Social;
    - La gobernanza y administración de los Sistemas de Seguridad Social;
    - La igualdad, haciendo hincapié en el género y la discapacidad;
    - El envejecimiento de la población y su repercusión en la Seguridad Social;
    - La financiación de la Seguridad Social, y;
    - El intercambio de las buenas prácticas (...)".

19. *"La cooperación técnica de la OIT con los gobiernos y los interlocutores sociales debería incluir una amplia variedad de medidas, (...)".*

20. *"La OIT debería completar el programa de trabajo como se recomienda en lo que antecede e informar periódicamente al Consejo de Administración (...)".*

21. *"La OIT debería continuar desarrollando la cooperación interinstitucional en el ámbito de la Seguridad Social, entre otras con la Asociación Internacional de la Seguridad Social (...)".*[64]

---

64 Oficina Internacional del Trabajo. Seguridad Social: Un nuevo consenso. Págs. 1-7.

Hemos copiado textualmente los encabezados de las conclusiones a las que llegó la 89ª reunión de la Conferencia Internacional del Trabajo, en el año 2001, por varias razones:

a) El documento resume magistralmente múltiples estudios e investigaciones sobre la Seguridad Social realizadas en los últimos tiempos, sobre todo a partir de la denominada crisis de los Sistemas de Seguridad Social, las cuales abordan, por lo general, aspectos puntuales de la Seguridad Social: Pensiones, Salud, Financiamiento, entre otros.

b) El contenido del documento es un referente muy importante a considerar por parte de los principales actores en el escenario de la Seguridad Social, al momento de pensar en la definición y puesta en marcha de políticas públicas de Seguridad Social.

c) El documento relieva significativamente el papel de la Seguridad Social en el avance del desarrollo económico y social de los pueblos, en el mejoramiento del bienestar y la calidad de vida de las personas sin distingos de ninguna naturaleza.

3. La estrategia "Trabajo decente para superar la pobreza".

América latina fue el epicentro del proceso de reforma de la Seguridad Social en la década de los años 80. En la primera y segunda década del siglo XXI, el epicentro de la reforma de la Seguridad Social, como hemos visto, se ha trasladado a Europa.

La Comunidad Europea, sacudida por una fuerte crisis económica, financiera, el auge del desempleo y el envejecimiento de la población, ha tenido que recurrir al expediente de la reforma de la Seguridad Social. Son notables, como se ha reseñado brevemente, los cambios incorporados a los regímenes de pensiones en países como Grecia, Portugal, Francia, Italia y España. En América Latina, ya lo hemos advertido, en pensiones, encontramos cambios significativos en Cuba, Colombia, Chile y Argentina. Denominador común de estas reformas de reciente data, es la aplicación cabal de las recomendaciones de los Organismos Financieros Internacionales, las cuales encontramos en la publicación del Banco Mundial, año 1983, "Envejecimiento sin crisis".

Hemos visto los aspectos más resaltantes del proceso de reforma de la Seguridad Social.

El magnífico monumento protector que ha sido la Seguridad Social muestra, en la actualidad, diversas fisuras, producto de factores demográficos, económicos, sociales, financieros y político-ideológicos, lo que ha llevado a calificar el momento presente como crítico para la Seguridad Social. Ante tal situación se impone la superación de varios obstáculos lo que constituye verdaderos retos para la Seguridad Social.

La Organización Internacional del Trabajo (OIT), luego de analizar, como hemos visto el proceso de reforma de la Seguridad Social, desarrollado intensamente en los años 80 del siglo XX, particularmente, en América Latina y en algunos países europeos, y evaluar sus resultados, por lo general, contrarios a los propósitos enunciados que lo estimularon, diseñó la propuesta: "Trabajo Decente, estrategia para superar la pobreza", como modalidad de acción orientada a superar los fracasos que en los aspectos sociales ha significado el fenómeno de la globalización y el cambio en los patrones tecnológicos de la producción, la ruptura de las fronteras nacionales y la flexibilización-desregulación de las relaciones laborales.

El "Trabajo Decente" retoma uno de los objetivos fundamentales de la Seguridad Social: el mantenimiento, conservación o recuperación de los medios de vida alcanzados por los seres humanos mediante el trabajo; por consiguiente, sí, en verdad, el mundo piensa en la superación de la pobreza, la vía no es otra que fomentar un tipo de trabajo o actividad que garantice estabilidad, salarios, rentas o ingresos lícitos y dignos y trabajo protegido por la Seguridad Social, en sustitución del trabajo precario que fomenta la economía de la contemporaneidad.

Con la "Estrategia de Trabajo Docente", la actividad laboral vuelve a ser el centro de la Seguridad Social, sin que ello permita pensar en el regreso a una concepción obrerista o laboralista de la Seguridad Social, por cuanto, en nuestros días, las nociones de "trabajo" y "trabajador" no refieren, exclusivamente, a la actividad que realizan las personas, bajo una relación dependiente y subordinada, en una empresa, establecimiento, faena, centros y entidades de trabajo. Su alcance es mayor y comprende todo tipo de actividad laboral y a toda persona que la realice. Lo esencial es, que, toda persona, con capacidad de trabajar, lo haga, que el trabajo sea la vía para la obtención de los medios de vida; y, por consiguiente, para contribuir al financiamiento de la Seguridad Social. Esto supone bases económicas sólidas, bien consolidadas y articuladas que permitan absorber la fuerza de trabajo que anualmente se incorpora al mercado de trabajo, de donde se concluye que la base productiva de una sociedad es determinante para crear condiciones de bienestar social. Sólo, si se produce con cantidad y calidad suficiente, si hay ingresos en la población, hay consumo, hay distribución, hay satisfacción de las necesidades humanas, hay Seguridad Social. Lo contrario es un bienestar efímero, una mera ficción de bienestar y felicidad.

4. Piso de protección social.

La Organización Internacional del Trabajo, más recientemente, año 2012, conjuntamente con la Organización Mundial de la Salud (OMS) y otros organismos internacionales, ha definido una nueva política social, bajo la denominación: "Piso de Protección Social", a cargo de un grupo consultivo de la OIT, coordinado por la ex-Presidenta de Chile, Señora Michelle Bachelet, en el marco de los trabajos de la "Comisión Mundial sobre la Dimensión Social de la Globalización" (2004).

Juan Somavia, ex Director General de la OIT, en el prólogo al Informe del Grupo Consultivo presidido por Michelle Bachelet, destaca, lo siguiente:

> *"El llamado de la Comisión a favor de una "base socioeconómica" sirvió para definir el nuevo concepto de Piso de Protección Social, desarrollado por la OIT sobre la base de la experiencia reciente, fundamentalmente la de los países en desarrollo. Esta iniciativa se basa en el marco de la Agenda de Trabajo Decente de la OIT, en la que la protección social para todas las personas es uno de los cuatro objetivos estratégicos interrelacionados, junto con la promoción de los derechos laborales, la creación de empleo por parte de empresas sostenibles y el diálogo social".*

> *"El concepto se ha desarrollado en el marco de la estrategia bidimensional de la Campaña Mundial sobre Seguridad Social y Cobertura para todos, con el fin de lograr una cobertura universal de la población con al menos unos niveles mínimos de protección-la dimensión horizontal-y de garantizar de forma progresiva mayores niveles de protección conforme a las normas de la OIT – la dimensión vertical".[65]*

---

65 Oficina Internacional del Trabajo. Piso de Protección Social para una globalización equitativa e inclusiva. Informe del Grupo consultivo presidido por Michelle Bachelet, convocado por la OIT con la colaboración de la OMS. Ginebra, 2011. Pp. XI y XII.

Esta nueva política social que define la OIT, la cual deberá ser considerada como marco de referencia para los países miembros, es la vía para extender y ampliar la cobertura real de la Seguridad Social y, así, materializar el principio de la universalidad de la Seguridad Social y hacer efectivo el derecho de toda persona a ser protegido por la Seguridad Social.

Por "Piso de Protección Social" se entiende una política social que garantice un mínimo de protección social para todas las personas. Sobre este "piso" se puede y debe construir otros para mejorar y consolidar una calidad de vida deseable; pues, carecería de sentido que las políticas de protección social se agotasen en la creación de un "mínimo", el cual se mantiene estático, sin posibilidad de avanzar hacia mayores y mejores estadios de protección social. El "piso de protección social", lo concebimos como punto de partida, no, de llegada; por consiguiente, es la base de un nuevo edificio protector, a partir de esa base sigue la construcción de la obra protectora de la sociedad entera.

> *"El concepto de Piso de Protección Social (...) entendido como un conjunto integrado de políticas sociales diseñado para garantizar a toda persona la seguridad de los ingresos y el acceso a los servicios sociales esenciales, prestando especial atención a los grupos vulnerables y protegiendo y empoderando a las personas a lo largo del ciclo vital.*

Incluye las garantías de:

> *Seguridad básica de los ingresos, mediante diversas formas de transferencias sociales (en efectivo o en especie), tales como pensiones para los adultos mayores o para las personas con discapacidades, prestaciones por hijos a cargo, apoyo a los ingresos y/o garantías y servicios relativos al empleo para las personas desempleadas y los trabajadores pobres;*

> *Acceso universal y asequibilidad a servicios sociales esenciales en los ámbitos de la salud, el agua y el saneamiento, la educación, la seguridad alimentaria, la vivienda y otras esferas definidas en las prioridades nacionales".[66]*

La Política Piso de Protección Social resulta en una combinación armoniosa de la Asistencia Social y de la Seguridad Social, identificada esta última por la obligatoriedad de la afiliación y contribución al fi-

---

66 OIT. Ob. Cit. Resumen Ejecutivo. Págs. XXIV y XXV.

nanciamiento; pues, en la concepción amplia y moderna de la Seguridad Social está comprendida, también, la Asistencia Social.

5. La seguridad social dinámica.

La Asociación Internacional de la Seguridad Social (AISS), organismo especializado que reúne a las instituciones de Seguridad Social, fue fundada en el año 1927, tiene su sede en Ginebra. La AISS ha introducido una nueva concepción de la Seguridad Social: "La Seguridad Social dinámica". Tal concepto:

> *"(...) se refiere a unos sistemas de seguridad social que sean accesibles, sostenibles, adecuados, socialmente inclusivos y económicamente productivos, y que se basen en instituciones de seguridad social con un elevado rendimiento y una buena gobernanza, proactivas e innovadoras".*

> *"La AISS promueve el concepto de Seguridad Social Dinámica (SSD), que, a su vez, fomenta la utilización innovadora de políticas de Seguridad Social Integradas, proactivas y orientadas al futuro con el objetivo a corto plazo de crear organizaciones de seguridad social de alto rendimiento. La idea que alberga este concepto es que se necesitan organizaciones eficaces y bien gestionadas para reforzar la credibilidad de la seguridad social, y en última instancia, su sostenibilidad. Sobre la base de este primer paso, el objetivo a largo plazo de la SSD es contribuir a ofrecer un acceso universal, como mínimo, a las prestaciones básicas en metálico y a los cuidados primarios de la salud en todos los países".*

> *"A lo largo de toda su historia, la seguridad social nunca ha cesado de adaptarse. No obstante, actualmente, después de más de un siglo de existencia, el desafío sigue siendo convertir el derecho a la seguridad social para todos en una realidad".* [67]

Este concepto acuñado por la AISS, ha sido desarrollado ampliamente en el Informe Global 2010, bajo el título: "Una Seguridad Social Dinámica: Asegurar la Estabilidad Social y el Crecimiento Económico. Evolución y Tendencias". En este Informe se concluye, que:

> *"(...) la Seguridad Social Dinámica se ha revelado como un concepto convincente para ayudar a entender*

---

67 http://www.issa.int/esl/Temas/Comprender-la-seguridad-social

> *el papel de los regímenes de seguridad social integra-*
> *les como respuesta a la crisis reciente y, de manera más*
> *general, para la gestión de los riesgos sociales y eco-*
> *nómicos. La presión para hacer que los regímenes de*
> *seguridad social sean más eficientes y efectivos – que*
> *tengan un mejor desempeño – ha ido en aumento. La*
> *coyuntura actual viene a subrayar que se requiere, con*
> *mayor urgencia que antes, un mayor movimiento hacia*
> *la Seguridad Social Dinámica, a efectos de contribuir*
> *a garantizar unas sociedades más igualitarias".*[68]

Kiefer Sutherland, AISS, en diciembre de 2010, mediante la edición de un video, bajo el título: "La Seguridad Social marca una diferencia", dio a conocer los principales desafíos que tiene la Seguridad Social en el presente contemporáneo y en el futuro.

¿Por qué la Seguridad Social marca una diferencia? Se pregunta, Sutherland. Y, responde: Porque:

- "Cada día y todos los días, la Seguridad Social mejora la calidad de vida de las personas";
- "La Seguridad Social hace más que otorgar un seguro en tiempo de necesidad";
- "La Seguridad Social asegura la dignidad";
- "La Seguridad Social contribuye a la estabilidad social";
- "La Seguridad Social es un motor del desarrollo económico sostenible"; y,
- "La Seguridad Social es un derecho universal fundamental".

Pero, estos atributos, fines y objetivos de la Seguridad Social no la exime del impacto de una serie de factores que amenazan, inclusive, su permanencia en el tiempo, razón por la que debe hacer frente, entre otros, según Kiefer Sutherland (AISS), a los desafíos siguientes:

- Abordar el envejecimiento de la población

- Enfrentar la crisis financiera y económica

- Reducir la brecha de la cobertura

- Lograr una gobernanza sólida

- La voluntad política y el rol del Estado en alcanzar la meta"[69]

Esta meta que plantea Sutherland, a nuestro entender, es la de lo-

---

68 Asociación Internacional de la Seguridad Social (AISS). Una Seguridad Social Dinámica: Asegurar la Estabilidad Social y el Crecimiento Económico. Evolución y Tendencias. Informe Global 2010. Ginebra, 2010. Pág. 44.

69 http://www.issa.int/esl/NoticiasyEventos/Videos/la-seguridad-social-marca-una-diferencia, http://www.issa.int/esl/Temas/Comprender-la-seguridad-social.

---

grar Seguridad Social para todos, sin exclusión o discriminación de ninguna naturaleza, mediante la aplicación de diversas modalidades de protección; asegurativas, asistenciales, etc., según el potencial productivo y recursos de cada país y la cooperación y ayuda internacional, como muy bien lo establece le Declaración Universal de Derechos Humanos, en su artículo 22.

Estos desafíos, retos para la Seguridad Social, sin duda alguna, marcan el signo de los tiempos actuales. La globalización de la economía es una oportunidad para el desarrollo de los pueblos, siempre y cuando el centro dinámico globalizante gire en torno a garantizar una vida saludable en el planeta. La Seguridad Social con sus objetivos, ciertamente, marca una diferencia; pero, la misma es posible si se extiende la cobertura de la Seguridad Social a todas las personas, sí el fenómeno demográfico es atendido oportunamente; y, sí se impide que las crisis económicas y financieras erosionen los recursos destinados a la Seguridad Social. Estos tres primeros desafíos retan a la sociedad y a los Estados a lograr estabilidad política y a manifestar que existe voluntad plena para atacar los flagelos que conspiran contra la estabilidad y fortalecimiento de las instituciones de Seguridad Social en el mundo.

Los gobiernos de todos los países tienen en los cuatro documentos reseñados: a) "Trabajo Decente como estrategia para superar la pobreza"; b) "La Seguridad Social un nuevo consenso"; c) "Piso de Protección Social para una globalización equitativa e inclusiva"; y, d) "Seguridad Social dinámica", un referente de primera línea para redefinir sus políticas sociales y hacerlas converger en el diseño y puesta en marcha de Sistemas de seguridad Social lo suficientemente sólidos y estables, garantía de progreso social y progreso material, de mejoramiento de la calidad de vida de todas las personas, de fortalecimiento de los lazos que favorecen la convivencia social, de bienestar y felicidad humana.

Capítulo V
Reforma pensional en Venezuela

1. Amagos de reforma pensional en Venezuela

La presente obra, como advertimos desde un principio, no está referida al estudio de la Seguridad Social en un país determinado; por consiguiente, generaliza en observaciones del acontecer de la Seguridad Social en el mundo; sin embargo, se ha considerado conveniente, por su importancia, incorporar un capítulo final que sintetice algunas breves reflexiones sobre el tema pensional en Venezuela, debido a las implicaciones presentes y futuras que pueden surgir si no se adoptan decisiones orientadas a corregir entuertos que han aparecido a lo largo del tiempo, por acción u omisión de gobiernos de distintos signos ideo-políticos, bajo la sombra de una renta petrolera pensada como infinita e inacabable.

Lo relacionado con las pensiones por vejez y las jubilaciones es un asunto que ha despertado muy poco interés en el país.

El número de regímenes de jubilaciones y pensiones en el sector público venezolano es algo que sorprende a cualquier observador. Se carece de una cifra exacta que de cuenta de la cantidad de regímenes existentes y de la población amparada por los mismos, a pesar que la Ley Orgánica del Sistema de Seguridad Social (LOSSS), en el Régimen de Transición, artículo 124, "Comisión Técnica de Transición de Pensiones y Jubilaciones preexistentes", estableció que:

> *"El ministerio con competencia en materia y previsión social, dentro de los ciento ochenta (180) días siguientes a la promulgación de la presente Ley, designará una Comisión Técnica de Transición a cuyo cargo estará la planificación y dirección del proceso de transición de los regímenes jubilatorios y pensionales preexistentes al nuevo sistema. El ministerio con competencia en materia de trabajo y previsión social emitirá el correspondiente reglamento que establecerá la integración y funciones de la Comisión Técnica de Transición"*[70]

---

70 República Bolivariana de Venezuela. Gaceta Oficial N° 39.912 del 30-04-2012.

El ministerio a que se refiere la LOSSS es, hoy, el Ministerio del Trabajo y Seguridad Social, al cual, por mandato presidencial, se le ha confiado la competencia para ser el Órgano Rector del Sistema de Seguridad Social, cuyas funciones están claramente indicadas en la Ley correspondiente, que ordena y regula la estructura y funcionamiento de la Administración Pública.

El Ministerio de Trabajo y la Seguridad Social no ha cumplido, hasta ahora, el mandato del legislador, razón por la que se carece en el país de un registro de todos los regímenes de jubilaciones y pensiones existentes, sus características, requisitos de afiliación, requisitos para obtener el beneficio, base de cálculo de la pensión, monto de la pensión, políticas de ajuste de la pensión, régimen y fuentes de financiamiento, entre otros conceptos.

Desde el punto de vista normativo jurídico el asunto puede simplificarse si se considera sólo las normas principales que regulan los regímenes jubilatorios y pensionales; pero, el caso es que existen leyes especiales creadoras de regímenes de jubilaciones y pensiones para determinados trabajadores del sector público. A lado y en paralelo de leyes como la del Seguro Social que dispone de un régimen de pensiones por vejez, invalidez y sobrevivencia, al cual está afiliado el funcionariado público; Ley del Régimen de Jubilaciones y Pensiones de los Funcionarios o Empleados de la Administración Pública Nacional, de los Estados y de los Municipios, nos encontramos con múltiples leyes especiales que permiten y facultan la creación de regímenes de jubilaciones y pensiones para los trabajadores de determinados organismos: Universidades, Poder Electoral, Poder Legislativo, Poder Moral, Poder Judicial, Gobernaciones, Alcaldías, Institutos Autónomos, Empresas del Estado. Toda una maraña pensional, en extremo difícil de desenredar, entender y comprender.

A esta situación, de por sí compleja, se suma el agregado de un régimen totalmente asistencial, no contributivo, creado improvisadamente, sin base de sustentación económica y financiera, vía, misiones sociales, a cargo del régimen de pensiones del IVSS.

La reforma pensional en Venezuela es tarea pendiente; y, el régimen de pensiones establecido en la LOSSS, no ha sido desarrollado.

En Venezuela, al igual que en Brasil, Chile, Argentina y otros países latinoamericanos, durante la administración de Hugo Rafael Chávez Frías, se dio fuerte impulso a los programas sociales asistenciales, bajo la denominación de "misiones", muy propias del lenguaje militar, con relativo éxito en lo que se refiere a erradicar verdaderamente la pobreza, a pesar de las grandes sumas de dinero invertidas; pero, con altísimos logros y alcances en lo remedial y dividendos legitimadores y electorales, que le permitieron al presidente, mantenerse en el poder durante 14 años consecutivos y, dejar inconclusa la tercera reelección para el período 2013-2019, motivado a su temprana desaparición física.

En Venezuela, más temprano que tarde, debe y tiene que emprenderse una verdadera reforma de la Seguridad Social, muy especialmente, en materia pensional, sobre todo si se desea hacer sustentable el régimen o regímenes pensionales y jubilatorios y evitar una crisis y conflictividad social de proporciones y efectos inimaginables, que aparecerá en el momento que disminuya, reduzca o desaparezca la renta petrolera y el Fisco Nacional, sin recursos, sin haber tomado las previsiones financieras de un egreso permanente y en constante aumento, se vea en la necesidad imperiosa de disminuir la inversión social y diferir o aminorar el pago puntual de jubilaciones y pensiones causadas.

Las cifras oficiales que a continuación se exponen son fiel evidencia de un drama que puede presentarse en cualquier momento.

En 1966, como ha sido señalado anteriormente, se promulgó una nueva Ley del Seguro Social, que incluyó las prestaciones dinerarias de largo plazo (pensiones) para amparar las contingencias de vejez, invalidez (discapacidad) y sobrevivencia. En el año 1971, el Instituto Venezolano de los Seguros Sociales (IVSS), paga las primeras pensiones por vejez a 567 personas que, para la fecha, habían cumplido con los requisitos legales y reglamentarios establecidos para alcanzar el beneficio pensional (750 cotizaciones semanales y 55 años de edad, la mujer, y, 60 años de edad, el hombre). Al año siguiente, 1972, el número de pensionados se eleva a 73.692. El número de trabajadores afiliados al IVSS, para 1971, alcanza la cifra de 881.347. Al establecer, la relación activos/pasivos, nos encontramos que, en 1971, 62.3 trabajadores activos, cotizaban para que un trabajador recibiese su pensión por vejez; en el año 2013, cuarenta años más tarde, la situación ha cambiado radicalmente. El número de personas afiliadas al IVSS, es de 5.945.223; y, el número de pensionados (vejez, discapacidad, sobrevivencia), es de 2.458.198 (marzo 2013), lo que ofrece una relación activos/pasivos, de 2, 3; es decir, por cada persona pensionada, tenemos sólo 2, 3 personas activas, cotizantes. De estas cifras, el 73% corresponde a personas pensionadas por vejez y, la diferencia, 23%, personas pensionados por invalidez y sobrevivencia.[71]

---

71 Fuente: Memoria y Cuenta del Ministerio del Trabajo. Año 1971-1972.

Esta relación activos/pasivos es dramática y, sí, a ella se le agrega la situación de los regímenes jubilatorios concurrentes en el sector público, el dramatismo se agiganta, sin que en el horizonte se divise, aún, algunas medidas que hagan pensar en algo distinto; por el contrario, cada día, vemos atizar el fuego en una hoguera pensional, con medidas de gran contenido humano y social, indiscutibles, orientadas a saldar una enorme deuda social acumulada; pero, sin previsión financiera alguna, sólo a merced del maná petrolero, en modo alguno, infinito.

2. Algunos elementos para una reforma pensional en Venezuela

En Venezuela, como lo hemos advertido supra, no ha habido reforma pensional.

La LOSSS, en su artículo 63, establece el tipo de régimen pensional que sustituiría a los existentes, incluyendo el de los Seguros Sociales, en los términos siguientes:

> *"La pensión de vejez o jubilación garantizada por este régimen –se refiere al Régimen Prestacional de Pensiones y Otras Asignaciones Económicas– será de financiamiento solidario y de cotizaciones obligatorias, para las personas con o sin relación laboral de dependencia, compuesto por una pensión de beneficios definidos, de aseguramiento colectivo bajo el régimen financiero de prima media general y sobre una base contributiva de uno (1) a diez (10) salarios mínimos urbanos".*

> *"La administración del fondo de vejez corresponderá al Estado a través de la Tesorería de la Seguridad Social".*

> *"Sin perjuicio y previa afiliación al Sistema de Seguridad Social, cualquier persona podrá afiliarse voluntariamente a planes complementarios de pensiones de vejez bajo administración del sector privado, público o mixto regulado por el Estado".*[72]

Este es, por consiguiente, el régimen de pensiones por vejez que establece la LOSSS, la cual, como se ha indicado en varias oportunidades, está vigente desde año 2002; pero, carece de efectividad, por cuanto no se aplica.

---

72 República Bolivariana de Venezuela. Gaceta Oficial. N° 39.912 del 30-04-2012.

Es importante destacar algunos caracteres de la norma consagratoria de lo que podría ser el nuevo régimen pensional en Venezuela.

1: La norma es vaga e imprecisa en cuanto se refiere a requisitos relacionados con la edad cronológica, tiempo de servicio, número de cotizaciones y monto del beneficio. Estos asuntos, fundamentales, quedan a criterio del legislador ordinario al momento de sancionar la ley especial que regulará el Régimen Prestacional de Pensiones y Otras Asignaciones Económicas.

2: La pensión por edad cronológica (vejez), asimila y sustituye la pensión por jubilación (edad cronológica y tiempo de servicio), con fundamento en el artículo 148 de la Constitución de la República Bolivariana de Venezuela y, en el artículo 70 de la Ley Orgánica del Sistema de Seguridad Social, los cuales establecen, que: ***"nadie podrá disfrutar más de una jubilación o pensión, salvo en casos expresamente determinados en la Ley"***.

3: El régimen de pensiones requiere de afiliación. Los trabajadores subordinados o dependientes, serán afiliados por sus empleadores o patronos, dentro del término que establezca la ley; en cambio, otros trabajadores, no dependientes, lo harán por sí mismo, por cuenta propia.

4: El régimen de pensiones es de financiamiento directo, contributivo, mediante cotizaciones obligatorias de trabajadores y empleadores.

5: El régimen de pensiones es solidario, con beneficio definido, conocido de entrada, al momento de la afiliación; aseguramiento colectivo (capitalización colectiva), financiado bajo un régimen de prima media general (igual porcentaje de cotización – prima – para toda la población afiliada); y, aplicado a una base de cotización que oscila entre un (1) salario mínimo y diez (10) salarios mínimos.

6: Un solo ente recaudador de las cotizaciones y aportes: la Tesorería de la Seguridad Social (unidad recaudatoria).

7: Los regímenes de jubilaciones y pensiones preexistentes, los actuales, tienen vida finita, desaparecerán con el tiempo, mediano o largo plazo, siendo reemplazados por el que establece la LOSSS, para lo cual se crea un Régimen de Transición, el cual garantiza los derechos adquiridos y los derechos en formación. Para el caso que los interesados decidan permanecer en estos regímenes preexistentes, pueden hacerlo, sólo que los mismos deberán transformarse en Regímenes Complementarios Voluntarios, con financiamiento a cargo de los afiliados exclusivamente.

Esta afiliación no exime de la afiliación y obligaciones que establece la LOSSS y el Régimen de Pensiones y Otras Asignaciones Económicas, cuya ley especial espera por sanción parlamentaria y promulgación por el Ejecutivo Nacional.

El régimen de pensiones antes descrito, previo a su posible puesta en marcha, requiere, ya, de reformas, a la luz de lo que acontece en el país en materia demográfica, política y económico – financiera. En atención a estos aspectos, el Área de Postgrado en Seguridad Social adscrita a la Facultad de Ciencias Económicas y Sociales de la Universidad Central de Venezuela, ha tomado la iniciativa, al igual que en otras oportunidades, de proponer una reforma parcial de la Ley Orgánica del Sistema de Seguridad Social, particularmente, de los artículos relacionados con pensiones por vejez. La propuesta, nos resulta, aún, tímida, por cuanto no aborda asuntos cruciales como los relacionados con el envejecimiento de la población y la edad mínima requerida para que las personas califiquen como beneficiarias de pensiones; pero, es, sin duda, un primer paso en la dirección correcta de establecer un régimen de pensiones que responda a la política de extender la cobertura de la Seguridad Social a todas las personas sin exclusión alguna.

En atención a lo anterior, y, en cumplimiento con lo establecido en la Ley de Universidades vigente, sobre la obligación que tienen las Universidades del país de contribuir con la solución de los problemas nacionales, se ha tomado la iniciativa de proponer una reforma parcial a las Leyes Orgánicas del Sistema de Seguridad Social (LOSSS) y Especial, de Servicios Sociales (LSS)[73]. La primera, LOSSS, para modificar los artículos 57, 63, 64; se agregan nuevos artículos 65 y 66 y, se modifica, el artículo 117, (LOSSS, 2012), y, para abrir las ventanas a un régimen pensional de nuevo tipo; y, la segunda, LSS (2005), para eliminar la figura de las asignaciones económicas o ayudas económicas, no contributivas, de carácter asistencial, debido a que, por imperio del artículo 80 de la Constitución Bolivariana de Venezuela, estas ayudas asumen el carácter de pensiones auténticas. Al respecto, señala el artículo 80 constitucional, lo siguiente:

> *"(...) las pensiones y jubilaciones otorgadas mediante el Sistema de Seguridad Social, para ancianos y ancianas no podrán ser inferiores al Salario Mínimo Urbano".*

Las asignaciones económicas de la Ley de Servicios Sociales, han

---

73 Universidad Central de Venezuela. Facultad de Ciencias Económicas y Sociales. Área de Postgrado en Seguridad Social. Ante Proyecto de Reforma Parcial de la Ley Orgánica del Sistema de Seguridad Social. Ana Mercedes Salcedo González, Absalón Méndez Cegarra, redactores. Caracas, 2013.

pasado a constituir verdaderas pensiones, no contributivas, a cargo del IVSS.

El texto de la propuesta de reforma de los artículos mencionados y artículos adicionales de la LOSSS, con su correspondiente exposición de motivos es el que a continuación se transcribe.

Ante-Proyecto de Ley de Reforma Parcial de la Ley Orgánica del Sistema de Seguridad Social

Exposición de Motivos

La Ley Orgánica del Sistema de Seguridad Social (LOSSS), promulgada, originalmente, en fecha 30 de diciembre del año 2002, reformada parcialmente en tres oportunidades, años 2007, 2008 y 2012, deriva su carácter orgánico por voluntad expresa del constituyente de 1999, quien llevó al texto constitucional una disposición, contenida en el artículo 86 , mediante la cual se establece que la Seguridad Social es un derecho humano fundamental de todo persona que habite el territorio de la República de Venezuela; por consiguiente, la LOSSS es el desarrollo legislativo inmediato del artículo 86 de la Constitución de la República Bolivariana de Venezuela.

La LOSSS cumple el mandato constitucional y establece el Sistema de Seguridad Social (SSS) a instaurar en el país dentro de los lapsos primariamente indicados. Omisiones de diversa entidad, tanto por parte del Poder Legislativo como del Poder Ejecutivo, mantienen la Ley en un estado de vigencia, pero sin efectividad alguna, toda vez que dos de las leyes especiales más importantes, las que desarrollan los Regímenes Prestacionales de Salud y de Pensiones y Otras Asignaciones Económicas, no han sido sancionadas hasta la presente fecha (marzo, 2013). En el año 2012, debido a la tercera reforma de la LOSSS, el Ejecutivo hizo efectiva la creación de la Tesorería y la Superintendencia del Sistema de Seguridad Social; pero, sigue pendiente, el Sistema de Registro y Afiliación, entre otras instituciones básicas establecidas en la Ley, garantes de su buen funcionamiento.

Las tres reformas parciales hechas a la Ley, si bien han sido sustantivas, no han modificado lo esencial del SSS que contiene y regula la LOSSS. La primera reforma parcial, año 2007, se produjo en momentos que los lapsos establecidos por el legislador orgánico para que entrara en pleno funcionamiento el SSS, y, el IVSS desapareciera, estaban próximos a vencer. La segunda reforma parcial de la LOSSS, año 2008, se limitó a crear las condiciones para que el Régimen Prestacional de Vivienda y Hábitat, tuviese mayor autonomía de acción. Y, la tercera reforma, permitió que el Presidente de la República designara directamente a los titulares de los cargos de Superintendente y Tesorero del Sistema de Seguridad Social. Fuera de estas reformas poca actividad se ha tenido para que el SSS establecido en la Ley sea realidad auténtica en Venezuela.

El Sistema de Seguridad Social creado por la Constitución y de-sarrollado en la LOSSS se integra por tres grandes Sistemas Pres-tacionales: Salud, Previsión Social, Vivienda y Hábitat; y, por seis Regímenes Prestacionales: Salud, Empleo, Seguridad y Salud en el Trabajo, Servicios Sociales al Adulto Mayor y Otras Categorías de Personas, Pensiones y Otras Asignaciones Económicas, Vivienda y Hábitat. Los Regímenes Prestacionales deben regularse por leyes especiales. De los seis Regímenes, sólo se cuenta con la legislación de cuatro de ellos; pero, Regímenes como el de Empleo, que cuenta con su ley especial, carece, al igual que la LOSSS, de efectividad práctica.

La mora legislativa en cuanto el Régimen Prestacional de Pensio-nes y Otras Asignaciones Económicas se refiere, ha permitido que se mantengan situaciones que se esperaban resolver y que se creen situaciones nuevas, que, en su conjunto, hacen complejo el tema de las jubilaciones y pensiones en Venezuela. En el país coexiste diver-sidad de regímenes jubilatorios y pensionales. Los tenemos de todo tipo. Obligatorios y voluntarios; contributivos y no contributivos; seguristas y asistenciales; de financiamiento contributivo directo e indirecto. El régimen de pensiones de vejez, discapacidad y sobre-vivencia, establecido en la Ley del Seguro Social, en tanto modali-dad segurista de mayor cobertura personal y territorial, concurre y marcha paralelo a cientos de regímenes jubilatorios y pensionales, particularmente, en el sector del funcionariado público, alcanzados por voluntad de la ley o por acuerdo inter partes en virtud de la contratación colectiva de trabajo. Por otra parte, en el país, con la promulgación de la Ley de Servicios Sociales, las personas adul-tas mayores y otras categorías de personas tienen derecho a recibir asignaciones económicas que, si bien, no constituyen pensiones, se comportan como tales; y, junto a ellas, mediante una serie de programas sociales, denominados Misiones, el Ejecutivo Nacional concede discrecionalmente auténticas pensiones de vejez o deriva-das de otros estados de necesidad. El IVSS ha recibido, en los últi-mos tiempos, un fuerte espaldarazo del gobierno nacional. Varios Decretos dictados por el Presidente de la República: N° 4.269 del 06-02-2006; N°5.370 del 30-05-2007; N° 5.316 del 25-04-2007; N°7.402 del 30-04-2010; N° 7.401 del 30-04-2010; y, N° 8694 del 13-12-2011, algunos de vigencia excepcional y temporal, han per-mitido el reconocimiento de cotizaciones efectuadas al IVSS con anterioridad y la asignación, en algunos casos de oficio, en otros, a solicitud de parte, de pensiones de vejez, a adultos mayores de 70 años, adultas mayores de 65 años, campesinos y pescadores y madres en situación de pobreza. Estos últimos hechos han generado en la población venezolana, en especial, la considerada adulta mayor, grandes expectativas de obtener una pensión de vejez. A esto se suma, igualmente, las expectativas que se han despertado, con similares propósitos, con las amas de casa, los trabajadores informales y por cuenta propia, los pescadores, agricultores, poblaciones indígenas y las personas discapacitadas.

Venezuela está considerada como un país de transición demográfica media. Las cifras de población mayor de 60 o 65 años no son, todavía, alarmantes, en comparación con otros países de la región. Venezuela sigue siendo un país de población predominantemente joven; pero, esta situación comienza a cambiar y se estima que para el año 2050, se tendrá una población mayor de 65 años, superior al 8% de la población total. Esta situación que luce lejana, puede anticiparse al concordarse con factores de salud, esperanza de vida al nacer, natalidad, fecundidad, tasas migratorias y el comportamiento del mercado laboral, lo que compromete seriamente el presente y futuro de la Seguridad Social, particularmente, los regímenes jubilatorios y pensionales, si no se adoptan las medidas necesarias oportunamente, antes que se produzca un colapso. A manera de ejemplo, puede citarse la relación activa/pasiva de la afiliación al IVSS. En la actualidad, con una población económicamente activa afiliada al IVSS de 5.945.223 (31-12-2012), se registra una cifra de 2.458.198 (marzo, 2013) pensionados, lo que da una relación, aproximada, un poco mayor a 2; es decir, que, por cada afiliado al IVSS, trabajador cotizante, tenemos, en condición de pensionado, a 2.3 personas, relación de afiliados activos y pasivos, en extremo peligrosa, que amenaza con hacer insostenible el régimen pensional segurista.

Buena parte de los países del mundo, en conocimiento de los cambios demográficos y sus efectos en los Sistemas de Seguridad Social, han propiciado reformas de distinta naturaleza. Venezuela no ha estado al margen de esta orientación; pero, a pesar de los esfuerzos y logros legislativos, no ha alcanzado materializar una propuesta concreta. El régimen de jubilaciones y pensiones establecido en la LOSSS, amerita ser revisado a la luz de las condiciones socio-demográficas, socio-económicas y socio-políticas actuales. Por esta razón, el presente ante-proyecto de ley de reforma parcial de la LOSSS, persigue, mediante una reforma de los artículos 57, 63, 69 y 117, y, la adición de dos nuevos artículos, crear las bases legales para un nuevo tipo de régimen pensional y jubilatorio en Venezuela.

El régimen que se propone es el conocido por la doctrina y práctica de la Seguridad Social como mixto o multipilar; en consecuencia,

Venezuela tendrá un régimen pensional que se formará por pilares de pensión, así: un primer pilar, básico, de igual cuantía, de financiamiento fiscal y solidario, asignado a toda persona que cumpla la edad de 55 años, la mujer y, 60 años de edad, el hombre. Un segundo pilar de pensión, asegurativo, obligatorio, de contribución directa, beneficio definido, proporcional al monto y número de contribuciones o cotizaciones hechas por las personas afiliadas. Y, un tercer pilar de pensión, de carácter complementario voluntario.

El primer pilar de pensión será financiado mediante la constitución de un Fondo especial con aportes anuales provenientes de la renta petrolera y contribuciones solidarias de personas con altos ingresos, en la cuantía que determine los estudios financieros y actuariales. El establecimiento de este primer nivel de pensión será una de las vías que seguirá la sociedad y el Estado para distribuir la renta petrolera y hacer realidad el decir que, ahora, el petróleo es nuestro y Venezuela es de todos. Este primer nivel de pensión permitirá incluir en la Seguridad Social, a miles de venezolanos y venezolanas, adultos mayores, sin capacidad para contribuir al financiamiento directo de la Seguridad Social, excluidos hasta ahora de ese beneficio pensional, en contravención a lo establecido en el artículo 80 de la Carta Magna.

El segundo pilar de pensión, permitirá la obtención de una pensión, superpuesta a la anterior, por parte de las personas sometidas o no a relaciones laborales de subordinación o dependencia; pero, con capacidad contributiva directa para financiar la Seguridad Social. El Estado creará un Fondo que captará las contribuciones de los trabajadores dependientes o independientes y de los empleadores, en los montos que fije la ley especial y sus reglamentos. La persona afiliada, al cumplir los requisitos de ley, obtendrá una pensión cuya cuantía será el resultado de la combinación de dos factores: la base reguladora y el tiempo de contribución o cotización.

El tercer pilar de pensión, es, como se ha dicho, eminentemente complementario y voluntario, las contribuciones para obtener este tercer pilar las fija cada persona interesada y el monto a recibir como sobre-pensión dependerá de las variables: contribución aportada, monto acumulado, tiempo de maduración, rendimiento de las inversiones y tipo de sobre-pensión seleccionado.

Este régimen debe ser desarrollado por la ley especial que regule el Régimen Prestacional de Pensiones y Otras Asignaciones Económicas, establecido en la LOSSS, como parte integrante del nuevo Sistema de Seguridad Social.

La Asamblea Nacional de la República Bolivariana de Venezuela
Decreta

La siguiente:

LEY DE REFORMA PARCIAL DE LA LEY ORGÁNICA DEL SISTEMA DE SEGURIDAD SOCIAL

Artículo 1. Se modifica el artículo 57, en la forma siguiente:

Prestaciones

Artículo 57. "Régimen Prestacional de Servicios Sociales al Adulto Mayor y Otras Categorías de Personas comprenderá las siguientes prestaciones, programas y servicios:

Asignaciones económicas permanentes o no, en los casos que resulten procedentes, que no concurran con la Pensión Mínima Vital.

Participación en actividades laborales acorde con la edad y estado de salud.

Atención domiciliaria de apoyo y colaboración a los adultos mayores que así lo requieran.

Turismo y recreación al adulto mayor.

Atención institucional que garantice alojamiento, vestido, cuidados médicos y alimentación a los adultos mayores.

Asignaciones para personas con necesidades especiales y cargas derivadas de la vida familiar. Cualquier otro tipo de programa o servicio social que resulte pertinente de acuerdo a la ley respectiva".

Cobertura de las Pensiones de Vejez o Jubilación

Artículo 2. Se modifica el artículo 63, en la forma siguiente:

Artículo 63. "La pensión de vejez o jubilación garantizada por este régimen será mixta o multipilar. Se formará de la manera siguiente:

Un primer nivel de pensión, básico, igual para todas las personas registradas y afiliadas al Sistema de Seguridad Social y al Régimen Prestacional de Pensiones y Otras Asignaciones Económicas, con o sin relación laboral de dependencia, de asignación, previa solicitud del interesado, al alcanzar la edad de 55 años, la mujer, y, 60 años de edad, el hombre, de financiamiento fiscal y contribución solidaria, monto no inferior al salario mínimo fijado anualmente por el Ejecutivo Nacional, cuya denominación será: Pensión Mínima Vital.

Un segundo pilar de pensión, de afiliación obligatoria para toda persona sometida o no a relaciones laborales de subordinación o dependencia, con ingresos debidamente comprobados que deriven de la realización de actividades lícitas ordinarias o eventuales, de contribuciones o cotizaciones directas de empleadores y trabajadores, según el caso, en los porcentajes que fije la ley y sus reglamentos, sobre una base imponible o contributiva que oscile entre uno y diez salarios mínimos, considerando a tales efectos la noción de salario integral en conformidad con la Ley Orgánica del Trabajo, asignada en el momento que concurran los requisitos de edad cronológica, 55 años, la mujer, y, 60 años, el hombre, tiempo de servicio y número de cotizaciones. El monto de la pensión oscilará entre un mínimo y un máximo, determinado por los topes salariales o de ingreso de referencia para la contribución o cotización y será el resultado de combinar la base reguladora y el tiempo cotizado.

Un tercer nivel de pensión, complementario, determinada su cuantía por el monto de las contribuciones, de libre elección por la persona afiliada, monto acumulado, periodo de maduración, rendimiento de las inversiones y tipo de pensión seleccionada. La afiliación a este tercer nivel de pensión es voluntaria, pero está condicionada a la previa afiliación al Sistema de Seguridad Social. Los Fondos que se constituyan podrán ser administrados por el sector privado, público o mixto, regulado por el Estado".

Artículo 3.Se modifica el artículo 64, en la forma siguiente:

Financiamiento de las Pensiones de Vejez o Jubilaciones

Artículo 64. "El primer pilar de pensión, será financiado fiscalmente y mediante contribución solidaria, de un 0,5% del salario afectado a la cotización de las personas cuya base imponible a los fines de la Seguridad Social, supere los ocho salarios mínimos. El Ejecutivo Nacional creará un Fondo Especial con recursos provenientes de la renta petrolera, asignados anualmente en la cantidad que determine los estudios técnicos, a los fines que dicho Fondo sustente dicho primer pilar de pensión en total equilibrio financiero y actuarial.

El segundo pilar de pensión, será financiado con las contribuciones o cotizaciones de los empleadores y trabajadores subordinados, y, de los trabajadores no dependientes, con ayuda eventual del Estado, en caso que lo requieran, conforme a lo establecido en la ley especial y sus reglamentos que regulen este Régimen Prestacional. Aquellas personas que no estén vinculadas a alguna actividad laboral, pero, manifiesten tener capacidad contributiva, deberán afiliarse al Sistema de Seguridad Social y cotizarán las contribuciones correspondientes al empleador y al trabajador y, en consecuencia, serán beneficiarias a la pensión de vejez.

El segundo pilar de pensión será de aseguramiento colectivo. Para tales efectos, la Tesorería del Sistema de Seguridad Social creará un Fondo, el cual recaudará, invertirá y distribuirá las contribuciones hechas por los afiliados a los fines de garantizar el pago de las prestaciones correspondientes. El Fondo que se constituya deberá garantizar dichas prestaciones en total equilibrio financiero y actuarial, razón por la que el régimen contributivo directo será revisado periódicamente para que mantenga dicho equilibrio financiero y actuarial".

Artículo 4. Se introduce un nuevo artículo, seguido del artículo 64, al que corresponderá el número 65, del tenor siguiente:

Edad mínima para tener el derecho a la pensión no contributiva

Artículo 65. "Toda persona en Venezuela, registrada y afiliada al Sistema de Seguridad Social y al Régimen Prestacional de Pensiones y Otras Asignaciones Económicas, al cumplir 55 años, si es mujer y 60 años de edad, si es hombre, tendrá derecho al primer pilar de pensión o Pensión Mínima Vital, equivalente a un salario mínimo, el cual mantendrá su poder adquisitivo constante, mediante ajustes anuales según el Índice Nacional de Precios al Consumidor, calculado por el Banco Central de Venezuela."

Artículo 5. Se introduce un nuevo artículo, seguido del artículo 65, al cual corresponderá el número 66, del tenor siguiente:

Edad mínima y tiempo de contribución o cotización para tener derecho a la pensión contributiva.

Artículo 66. "Toda persona en Venezuela, registrada y afiliada al Sistema de Seguridad Social y al Régimen Prestacional de Pensiones y Otras Asignaciones Económicas, al cumplir la edad legal establecida, 55 años, si es mujer; y, 60 años de edad, si es hombre, y tener acumuladas un mínimo de 180 cotizaciones mensuales, tendrá derecho a un segundo pilar de pensión, equivalente al 80% de la base reguladora. La base reguladora se establece en los últimos diez años cotizados. La persona afiliada obtendrá, por cada 12 cotizaciones mensuales adicionales, un incremento de pensión de un 2% hasta alcanzar un adicional de ciento veinte cotizaciones mensuales, lo que permitirá obtener el 100% de la base reguladora. Igualmente, la persona afiliada, podrá anticipar su pensión de vejez, siempre y cuando tenga la edad cronológica requerida y haya acumulado un mínimo de 120 cotizaciones mensuales"

Artículo 6. Se modifica el artículo 117, el cual, al correr la numeración, pasa a ser el artículo número 123, en la forma siguiente:

Derechos Adquiridos

Artículo 123. "El Estado garantiza la vigencia y el respeto a los derechos adquiridos a través del pago oportuno y completo de las pensiones a los pensionados y pensionadas por el Instituto Venezolano de los Seguros Sociales; y, a los pensionados y pensionadas, jubilados y jubiladas, por los regímenes de jubilaciones y pensiones de los trabajadores y trabajadoras al servicio del Estado, que hayan cumplido con los requisitos establecidos para obtener la jubilación antes de la entrada en vigencia de la presente Ley, en los términos y condiciones que fueron adquiridos, hasta la extinción del último sobreviviente, a cargo del organismo que otorgó el beneficio y de los fondos, si los hubiere, y estén en capacidad financiera total o parcialmente; en caso contrario, a cargo del Fisco Nacional a través del organismo otorgante. Los beneficiarios de pensión de vejez otorgada por el Instituto Venezolano de los Seguros Sociales y los pensionados y pensionadas, jubilados o jubiladas, de los organismos del sector público, que continúen desempeñando actividades remuneradas, deberán contribuir o cotizar con el Régimen de Pensiones de Vejez establecido en la presente Ley, en iguales condiciones que las personas activas afiliadas.

La garantía de derechos adquiridos que ofrece la presente Ley a las personas que han obtenido el derecho a pensión en regímenes pensionales y jubilatorios preexistentes al establecido en la presente Ley, se mantiene siempre y cuando dichos regímenes y sus correspondientes Fondos, si existieren, no hayan sido alterados en sus requisitos, contribuciones o cotizaciones y cuantía de las pensiones o jubilaciones con ánimo de cometer fraude a la Ley, en cuanto a la disposición que obliga a mantener inalterables los requisitos de exigibilidad para obtener el beneficio y a los Fondos de los regímenes de jubilaciones y pensiones preexistentes, a pagar el beneficio, total o parcialmente, con cargo a dichos Fondos. En caso que se hayan producido modificaciones en las condiciones y requisitos para obtener el derecho a pensión de vejez o a la jubilación, en los regímenes preexistentes, el organismo público obligado a otorgar el beneficio de pensión o jubilación deberá restituir a su estado original las condiciones, términos y requisitos establecidos en el régimen de pensión o jubilación preexistente."

Disposición Final

Artículo 7. "Corríjase la numeración de los artículos de la Ley Orgánica del Sistema de Seguridad Social, publicada en la Gaceta Oficial de la República Bolivariana de Venezuela, Número 39.912 del lunes 30 de abril de 2012, y, asimismo, las citas que lo requieran de los artículos de la misma, e imprímase éste íntegramente con las reformas que se le han hecho, para su publicación junto con esta Ley, y en el correspondiente texto único de refundición sustitúyanse por las de la presente Ley las firmas, fechas y demás citas de sanción y promulgación de la Ley Orgánica del Sistema de Seguridad Social así reformada. Dos ejemplares del respectivo texto único, firmados por el Presidente, el Vicepresidente y los Secretarios de la Asamblea Nacional, y autenticados con el Sello de ésta, se presentarán, con los de la Ley de Reforma Parcial, al Presidente de la República, para su promulgación y demás efectos legales."

Dada, firmada y sellada en el Palacio Federal Legislativo, en Caracas, a los___días del mes de___ del año

Con esta propuesta, como se ha advertido, se procura que Venezuela, en un marco de solidaridad y justicia social, haga posible la extensión de la cobertura de la Seguridad Social (pensiones), la seguridad de ingresos ante determinadas contingencias (vejez, discapacidad) a toda la población, particularmente, la históricamente excluida; pero, sobre bases financieras muy sólidas y sustentables en el tiempo.

Bibliografía General

Albarracín, Jesús. *"¿Trabajadores o Mercancías?"*. Revista: El Viejo Topo.

Almansa Pastor, José Manuel. *Derecho de la Seguridad Social*. Editorial Tecnos. Madrid, 1973.

Amezcua Omelas, Norahenid. *"Nueva Ley del Seguro Social. Disposiciones Generales y Seguro de Retiro, Cesantía y Vejez"*. Revista Laboral. Año IV. 1996. N 40. México.

Asamblea General de las Naciones Unidas. *Declaración Universal de Derechos Humanos*. Adoptada por la Asamblea General de las Naciones Unidas (ONU) el 10-12-1948.

Ashford, Douglas E.. *La Aparición de los Estados de Bienestar. Colección Historia Social. N 14*. Ministerio de Trabajo y Seguridad Social. España, 1989.

Asociación Internacional de la Seguridad Social (AISS). *Una Seguridad Social Dinámica: Asegurar la Estabilidad Social y el Crecimiento Económico. Evolución y Tendencias*. Informe Global 2010. Ginebra, 2010. Pág. 44.

Barrientos, Armando. *"Dilemas de las Políticas Sociales latinoamericanas. ¿Hacia una Protección Social Fragmentada?* En Revistan Nueva Sociedad, N 239, mayo-junio, 2012.

Brewer-Carías, Allan R. *"Consideraciones sobre el Régimen Constitucional del Derecho a la Seguridad Social, el Sistema de Seguridad Social y la Administración Privada de Fondos de Pensiones"*. En Libro Homenaje a Fernando Parra Aranguren. Tomo I. Universidad Central de Venezuela. Caracas, 2001.

Burns, Eveline M. *Seguridad Social y Acción Pública*. México, 1995. Citada por: Rafael Uzcátegui D. En: Seguridad Social. Síntesis Bibliográfica. Universidad Central de Venezuela. Caracas, 1978.

Cañón Ortegón, Leonardo. Seguridad Social. ¿Un Negocio y un Servicio?. Instituto de Estudios Sociales Juan Pablo II. Bogotá Colombia.

Carrillo Prieto, Ignacio. Derecho de la Seguridad Social. En "Pautas Introductorias a la Seguridad Social y a sus Regímenes Normativos". Memoria del II Congreso Interamericano Jurídico de la Seguridad Social. Montevideo-Uruguay. 1990.

Castro Gutiérrez, Álvaro. "Estructura y Organización Jurídica de la Seguridad Social" (Mimeografiado). Ginebra, 1990.

El Nacional, Caracas, Venezuela, 24-03-2013. *Mundo II. Entrevista de Martín Aguirre a Roberto Mangabeira*. "Proyecto Suramericano es una Fantasía en la que Prosperan Ilusiones Retóricas".

Fajardo, Martín. *Derecho de la Seguridad Social*. Tomo I. IDEMSA. Editores. Lima-Perú. 1989.

Hoskins, Dalmer D. Secretario General de la Asociación Internacional de la Seguridad Social. *"Evolución y Tendencias de la Seguridad Social 1990-1992"*. Revista Internacional de Seguridad Social. N 4-92. Vol. 45. Ginebra, 1992.

López Valencia, José Ma. *Los Seguros Sociales en el Medio Rural. Publicaciones del Instituto Nacional de Previsión*. Madrid-España, 1933.

Martín Seco, Juan Francisco. *"El Engaño de los Planes de Pensiones y Otros Sofismas"*. Revista: El Viejo Topo. Enero 1996. N 92. España.

Méndez Cegarra, Absalón. *"Análisis Preliminar del Anteproyecto de Ley de Prestaciones de Antigüedad, Auxilio de Cesantía y Previsión Social"*. Economía Hoy. 03/07/96.

___________ *"Consideraciones Generales sobre la Seguridad Social en Venezuela"*. En: La Seguridad Social en Venezuela. Cuadernos de Postgrado N 4. Universidad Central de Venezuela. Caracas, 1993.

___________ *La Seguridad Social en la Agenda Venezuela"*. Economía Hoy. 25/06/96.

___________ *La Seguridad Social en Venezuela: Una Política Pública Inconclusa. Políticas Públicas Siglo XXI: Caso Venezolano, Carlos Mascareño. Coordinador.* Temas de Docencia. Centro de Estudios del Desarrollo (CENDES). Universidad Central de Venezuela, Caracas, Venezuela. 2003."

______________Ponencia: *"Situación de la Seguridad Social en Venezuela"*. Seminario: Actualidad en Derecho Laboral y la Seguridad Social en Venezuela. Universidad Central de Venezuela. Caracas, 22 de febrero 2013.

Mesa Lago, Carmelo. *"Aspectos Económico-Financieros de la Seguridad Social en América Latina y el Caribe; Tendencias, Problemas y Alternativas para el año 2000"*. En: Memoria del II Congreso Interamericano Jurídico de la Seguridad Social. Montevideo, Uruguay, Octubre de 1990.

______________ *"La Seguridad Social en América Latina"*. En Progreso Económico y Progreso Social en América Latina. Banco interamericano de Desarrollo. Washington D. C. Estados Unidos. 1991.

Moctezuma Barragán, Javier. *"Pautas introductorias a la Seguridad Social y a sus Regímenes Normativos"*. En Memorias del II Congreso Interamericano Jurídico de la Seguridad Social. Montevideo. Uruguay, 1990.

Montes Pedro. *"Coartada Perfecta"*. Revista El Viejo Topo.

Oficina Internacional del Trabajo. *"La Seguridad Social en los Países Industrializados"*. El Trabajo en el Mundo. Editorial Nueva Sociedad. Caracas-Venezuela. 1990.

______________*"La Seguridad Social: Un Nuevo Consenso. Ginebra, 2002.*

Oficina Internacional del Trabajo. *Memoria del Director General. Décima Tercera Conferencia de los Estados de América Miembros de la Organización Internacional del Trabajo.* Caracas, Septiembre-Octubre de 1992.

______________ NATLEX. 1995. *Base de Datos sobre la Legislación Laboral de la Organización Internacional del Trabajo.* Ginebra. Suiza. 1995.

______________ *Piso de Protección Social para una Globalización Equitativa e Inclusiva. Informe del Grupo consultivo presidido por Michelle Bachelet,* convocado por la OIT con la colaboración de la OMS. Ginebra, 2011.

OLEA, Manuel Alonso. *Instituciones de Seguridad Social. Instituto de Estudios Políticos.* Madrid, 1959.

Peña Alzate, Oscar. *Sistema de Seguridad Social Integral.* Ley 100 de 1993. Editora Señal. 2ª Edición, 1994. Bogotá-Colombia.

República de Colombia. *Ley 100 de 1993.*

República de Venezuela. *Constitución de la República Bolivariana de Venezuela.* Gaceta Oficial. N 5.453, marzo, 24. 2000.

________________ *Decreto N° 8.921, mediante el cual se dicta el Decreto con Rango, Valor y Fuerza de Ley de Reforma Parcial de la Ley del Seguro Social*. Gaceta Oficial. Número 39.912 del 30 de abril de 2012.

________________ *Ley Orgánica del Sistema de Seguridad Social*. Gaceta Oficial. N 37.600, diciembre 30. 2002. (Texto Original).

________________. *Ley Orgánica del Sistema de Seguridad Social*. Gaceta Oficial. N° 39.912. 30-04-2012.

________________. *Memoria y Cuenta del Ministerio del Trabajo. Año 1971-1972*.

Revista Mar. *Un Modelo de Seguridad Social Viable*. Integrador y Progresista. N 336. Febrero, 1996. Madrid-España.

Robles, José. *La Seguridad Social Mexicana en los Albores del Siglo XXI*. Fondo de Cultura Económica. México. 1993.

Rodríguez Ramos, María José, Juan Gorelli Hernández y Maximiliano Vilchez Porras. *Sistema de Seguridad Social*. Editorial. Tecnos. Séptima Edición. Madrid-España, 2005.

Sabino, Carlos y Rodríguez Armas, Jesús E. *La Seguridad Social en Venezuela*. Editorial CEDICE y PANAPO. Caracas, 1991.

Salcedo González, Ana Mercedes y Méndez Cegarra, Absalón. *Ante Proyecto de Reforma Parcial de la Ley Orgánica del Sistema de Seguridad Social*. Universidad Central de Venezuela. Facultad de Ciencias Económicas y Sociales. Área de Postgrado en Seguridad Social, Caracas, 2013.

Savchenko, P. ¿Qué es el Trabajo? Editorial Progreso. Moscú, 1987.

Uzcátegui Díaz, Rafael. *Estructura de la Seguridad Social y sus Implicaciones Económicas*. Ediciones del Cuatricentenario de Caracas, 1960.

Zelenka, Antonio. *"Hacia la Seguridad Social"*. Revista del Ministerio del Trabajo. N 6. Año 1952.

Zuñiga Cisneros, Miguel. *Seguridad Social y su Historia*. Edit. EDIME. Caracas, 1963.

Fuentes Digitales

http://comercio.pe/tag/190741/reforma-en-sistema-de-jubilación.

http://www.finanzas.com/reforma-de-las-pensiones-en-2011.

http://www.empleo.gob.es/es/mundo/revista/revista115/23.paf.

http://www.elpaís.com/artículo/internacional/grecia/reforma/model...

http://www.safp.cl/573/propertyvalue-1689-html.

http://www.erfit.edu.ce/escuelas/administración/departamento/departamento.

http://www.bnamericas.com/news/seguros/nueva-reforma-de-pension.

http://www.empleo.gob.es/es/mundo/revista129/80.paf.

http://www.guardian.co.uk/World/2011/jun/07/brasil-dilma-rouseff-poverty-eradication.

http://www.ilo.org/global/abaut-the-ilo/press-and-media-centre/insight/wcms-114108/1...

http://www.issa.int/esl/NoticiasyEventos/Videos/la-seguridad-social-marca-una-diferencia,

http://www.issa.int/esl/Temas/Comprender-la-seguridad-social.

Producción General

Absalón Méndez Cegarra
Caracas - Venezuela

Producción Editorial

O! Ediciones®
www.oedicones.com

Diciembre 2019
Caracas - Venezuela